Breves cuentos hispanos

CUARTA EDICIÓN

Thomas E. Kooreman
Emeritus, Butler University

Olga Muvdi Kooreman

Eufemia Sánchez de la Calle
Marquette University

PEARSON
Prentice
Hall

Prentice Hall, Upper Saddle River, New Jersey 07458

Library of Congress Cataloging-in-Publication Data
Breves cuentos hispanos / [edited by] Thomas E. Kooreman, Olga Mudvi Kooreman.
    p. cm.
Includes bibliographical references.
ISBN-13: 978-0-13-239164-1
ISBN-10: 0-13-239164-3
1. Spanish language—Readers.   2. Short stories, Spanish.   3. Short stories, Spanish American.
4. Spanish fiction—20th century.   5. Spanish American fiction—20th century.   I. Kooreman,
Thomas E.   II. Kooreman, Olga Muvdi.
PC4117.B728 2009
863′.0108—dc22   2006017751

Previously part of the *Scribner Spanish Series* by Carlos A. Solé, General Editor,
The University of Texas at Austin.

Acquisitions Editor: Donna Binkowski
Sponsoring Editor: María F. García
Executive Marketing Manager: Kris Ellis-Levy
Senior Marketing Manager: Denise Miller
Senior Managing Editor: Mary Rottino
Associate Managing Editor: Janice Stangel
Editorial Assistant: Gayle Unhjem
Senior Operations Specialist: Brian Mackey
Operations Specialist: Cathleen Petersen

Composition/Full-Service Project Management:
    Angelique Amig and Andrea Shearer,
    GGS Book Services PMG
Interior Design: Brian Molloy, GGS Book
    Services PMG
Cover Art Director: Jayne Conte
Cover Design: Kiwi Design
Cover Image: Mark Harris/Stone/Getty Images
Publisher: Phil Miller

For permission to use copyrighted material, grateful acknowledgment is made to the copyright holders
on page xii, which is considered an extention of this copyright page.

This book was set in Times by GGS Book Services, and was printed and bound by R.R. Donnelley.
The cover was printed by R.R. Donnelley.

Printed in the United States of America
10 9 8 7 6 5 4 3 2 1

ISBN-13: 978-0-13-239164-1
ISBN-10: 0-13-239164-3

Pearson Education LTD., London
Pearson Education Australia PTY, Limited, Sydney
Pearson Education Singapore, Pte. Ltd.
Pearson Education North Asia Ltd., Hong Kong
Pearson Education Canada, Ltd., Toronto
Pearson Educación de México, S.A. de C.V.
Pearson Education Japan, Tokyo
Pearson Education Malaysia, Pte. Ltd.
Pearson Education, Upper Saddle River, New Jersey

CONTENTS

PREFACE

The twelve stories in the fourth edition of *Breves cuentos hispanos* were selected for their degree of interest, their length, and their high literary quality. We believe that they can be used effectively at the intermediate level in college or the advanced level in high school classes. These stories are not easy reading, but they are manageable if students and teachers take advantage of the pedagogical apparatus offered with them. It is our belief that foreign language students must be constantly challenged by authentic new material which forces them to use the knowledge mastered in earlier classes and to reach for the acquisition of new vocabulary, structure, and cultural information. Literature, when aided by appropriate exercises, provides an excellent means toward these ends.

We have provided selections that represent authors from many countries in the Spanish-speaking world. The short narrative by Colombian writer Gabriel García Márquez is set in a way which illustrates the traditional ways and attitudes of the people of rural Colombia. Similarly, Mexican writer and journalist Elena Poniatowska highlights popular customs in her short story *"El recado,"* which explores the feelings of a young woman awaiting her lover. Also from Mexico is Amparo Dávila, who constructs psychological tales which are narrated by their protagonists. Argentina is represented by Jorge Luis Borges and Julio Cortázar, both of whom offer intellectual and philosophical perspectives in their writings. An Uruguayan writer, Horacio Quiroga, offers his readers a fable on the rules of nature versus those of civilization. Spain is represented by Carmen Laforet and Rosa Montero. Laforet's story contrasts an imaginary, dreamlike world, with the sordid and empty reality in which the protagonist lives, while Montero's short narrative offers an acute insight into the difficulties of human communication. Puerto Rico is represented by the author and literary critic Ramón Luis Acevedo with his short story *"El encuentro,"* which offers an engaging portrait of a character who feels out of place in a foreign country. Also from Puerto Rico is Dinorah Cortés-Vélez, a young novelist and poet, whose short story "*Estampida*" describes the struggle of a young mother torn between her love for her infant daughter and a rejection of her own femininity. From Peru is Alfredo Bryce Echenique, whose short story "*La corta vida feliz del profesor Iriarte*" discusses Peruvian social and cultural issues. Finally, we have included one of our favorite stories, "*Con los ojos cerrados*," by the Cuban writer Reinaldo Arenas. This timeless story is rich in its description of childhood happiness and emphasizes, through its protagonist, the power of imagination and fantasy.

It is our belief that classroom time is best used in active practice with the target language, especially at the intermediate level. Therefore, we have included a rather extensive essay on techniques for reading a foreign language. Our aim is to help students read and comprehend the stories before coming to class. We hope that this approach will make more time available for oral practice based on the pre-reading *Temas de orientación* and the post-reading *Cuestionario* and *Discusión y opiniones* exercises. We suggest that some of these questions also be used as topics for written compositions.

Along with *Temas de orientación*, a vocabulary list with two or three related exercises precedes every story. It is our hope that these exercises will offer the student both a preview of the following story and a sense of confidence while reading it. The exercises titled *Comprensión inmediata* that appear immediately after each story are meant to be used as a quick self-check on reading comprehension. Later exercises, called *Repaso gramatical*, offer a means of reinforcing certain verb tenses and structures that need regular review. The latter have been presented without grammatical explanations, since we believe that the teacher can best decide how much explanation of grammar is needed. These features are supplemented by an end vocabulary and numerous footnotes, which offer linguistic help and cultural insight.

In preparing our pedagogical apparatus we have tried to offer variety and flexibility. The book can be easily adapted to the teacher's approach, be it traditional, oral, or eclectic. It can be the main textbook in a course or used as a companion to a grammar text or a civilization reader.

Preparation of a textbook is a group effort, and recognition is due to many people for their assistance. We especially wish to thank María F. García, Sponsoring Editor for Prentice Hall for her guidance and helpful suggestions throughout the preparation of the fourth edition of *Breves cuentos hispanos*. We also acknowledge Angelique Amig, Production

Editor at GGS Book Services PMG, as well as Andrea Shearer and Brian Molloy. Acknowledgement is also due to Bob Hemmer, Executive Editor of Spanish at Prentice Hall. Our thanks go also to Jessica Martin and Jordan Allen from Marquette University, and to Marcie T. Schwengel for their invaluable suggestions. We would also like to express our gratitude to Dinorah Cortés-Vélez for her short story *"Estampida,"* which is included in this book. We are especially grateful for the support of the Gettel Faculty Development Grant from the Foreign Languages and Literatures department at Marquette University. Many others have contributed to the success of this endeavor, especially the authors, heirs, and copyright holders who have so graciously given their permission to reproduce the stories included here. If errors have found their way into the text, as they inevitably do, they are ours and we alone bear the responsibility for them. We also wish to acknowledge the contribution of many outside readers who gave insightful feedback during the development of this project and for using *Breves cuentos hispanos* in their classes:

Leela Bingham, *San Diego Mesa College*

Becky Boling, *Carleton College*

Stephen Clark, *Northern Arizona University*

Mirta Pimentel, *Moravian College*

Judith Rojas, *Butte College*

Stephen Sadow, *Northeastern University*

Finally, our gratitude goes to our families and friends for their constant love and support.

Our hope is that students will enjoy the selected stories, and that they will feel inspired to pursue further readings in literature written in Spanish. The fact that *Breves cuentos hispanos* is now in its fourth edition can only be seen as the direct result of the trust that many of you have deposited in this book as a useful and valuable instructional tool.

How to Read a Foreign Language

Reading a foreign language presents the intermediate student with two fundamental problems: learning to infer meaning from a text and developing an efficient method for preparing the reading lesson.

Although most of us do not realize it, inference is the primary way we understand new words as we read in our native language.

Normally, we infer meaning unconsciously because the number of new words in our native tongue is relatively small. In a foreign language, however, the presence of new words dramatically increases. Therefore, readers must become more aware of the techniques of inference so that they will not waste their time and energies in the misguided use of vocabulary lists or the dictionary.

Most beginners, upon encountering a new word, rush immediately to their vocabulary, select the first native equivalent given, and promptly write it between the lines of the foreign text. This is precisely the wrong procedure to use if one wishes to read a foreign language with a feeling of accomplishment and pleasure.

If we take proper advantage of the techniques of inference, we will not consider using the vocabulary except as a last resort. To infer meaning as we read simply means to make logical guesses about the meanings of new words. We can make these guesses because the text itself helps us, broadly speaking, in three ways: the general context of the unknown words gives us information as to their meanings; the grammar provides more information; and the words themselves offer many clues if we examine them with care.

Our understanding of the general context is a major guide to the meanings of new words. For example, material preceding or following a new word may explain its meaning, or our own general knowledge of the theme may help us guess its meaning accurately because we already know what the material is about. The following quotation from Dylan Thomas clearly illustrates how meaning is derived from the general context: "If you can call it a story. There's no real beginning or end and there's very little in the middle. It is all about a day's outing, by charabanc, to Porthcawl, which, of course, the charabanc never reached, and it happened when I was so high and much nicer."[1]

Many readers will not recognize the word "charabanc," but there are clues given before and after it that help one infer its meaning. The clause preceding the word tells us that the story deals with an outing. An outing implies going somewhere, and indeed, this concept is strengthened by the following prepositional phrase, "to Porthcawl," obviously a destination. The succeeding clause adds strength to this idea by telling us that the charabanc never reached Porthcawl. The reader concludes that a charabanc is something people use on an

---

[1]Dylan Thomas, "A Story," *Modern Short Stories*, ed. Arthur Mizener, rev. ed. (New York: W. W. Norton, 1967), p. 129.

outing in order to reach a destination; i.e., a vehicle. Although the reader does not know precisely what kind of vehicle it is, he has sufficient information to continue reading uninterruptedly.

In a more subtle way, we infer meaning from the grammar of the material. Professor Freeman Twaddell poses the first two lines of Lewis Carroll's "Jabberwocky" as a vivid example of this technique. "'Twas brillig, and the slithy toves / Did gyre and gimble in the wabe." He points out that "it is highly probable that *toves* and *wabe* are nouns, *gyre* and *gimble* are verbs, *slithy* is an adjective, and *brillig* is either an adjective like 'chilly' or a noun like 'autumn'—all this without any help from the meaning of the words themselves."[2] In such an extreme case we can do little more, however, since all the words are unfamiliar. On the other hand, Professor Twaddell asks us to consider a modification of his original example, which includes only one of Carroll's nonsense words: "'Twas evening, and the eager toves / Did dart and chatter in the sky." "We don't quite know what *toves* are," he explains, "but they are probably some kinds of bats or birds; and probably the next sentence or two will yield enough extra information to reduce the vagueness to one or the other interpretation."[3]

Finally, words themselves offer many clues to their meanings. A person already knows his own language and may have studied other foreign languages. This previous knowledge helps the reader recognize cognates—words that look alike and have the same meaning in both languages. Another clue may come from root words—basic words that are partially hidden by a prefix, suffix, or compound. A random passage from the Spaniard Gustavo Adolfo Bécquer shows examples of both cognates and root words: "Por un momento creyó que una mano fría y descarnada le sujetaba en aquel punto con una fuerza invencible."[4] *Momento* and *invencible* are almost exact cognates, each having only one letter that differs from the English. *Punto* and *fuerza* are less recognizable, but one receives considerable help through pronouncing them aloud. *Sujetaba* faintly resembles the English word "subject." Since the ending *-aba* tells us that *sujetaba* is a verb in the past tense, we think of the English "subjected." The word descarnada may be the least recognizable in the sentence. Yet, if we realize that

[2]Freeman Twaddell, "Foreign Language Instruction at the Second Level," *Teacher's Manual: Español: Hablar y Leer*, by Gregory G. LaGrone, Andrea Sendón McHenry, and Patricia O' Connor (New York: Holt, Rinehart and Winston, 1963), p. 13.
[3]Ibid., p. 15
[4]Gustavo Adolfo Bécquer, "La Ahorca de Oro," *Spanish Short Stories and Sketches*, ed. William Eade Wilson (New York: Harper & Brothers, 1934), p. 67.

des- is a prefix that gives negative or opposite force to a word and that -*ada* is the ending used for the past participle when it modifies a feminine noun, we may recognize the root word as *carne* (flesh). One concludes that *descarnada* means "bony."

It would be absurd to suggest that all problems of meaning can be solved through inference. The textbook's vocabulary list must and should be consulted frequently. The point is to be discriminating and know when inference can no longer help. The following paragraphs develop a practical plan for preparing your reading lesson. It will help you control both inference and the vocabulary to your best advantage.

A four-step procedure is the most frequently recommended method for preparation of the foreign language reading assignment.[5]

First, read a substantial portion of the assignment as you might read a text in your native language, without looking up any words. If the assignment is not too long, two or three pages, read it all in this way. When you have completed the initial reading, try to define and write down the primary theme or topic of the selection. If you can increase your initial statement of theme with a list of more specific subtopics, do so. This should help orient and direct your more analytical second reading.

Now, reread the assignment carefully. Underline all the unknown words. Guess at their meanings, but not until you have finished reading the sentence in which each appears. This is the point in your preparation where you should use the techniques of inference, outlined in earlier paragraphs.

If guessing the meaning fails, look up the word in the vocabulary and place a dot beside it with your pencil. Do not write its English equivalent between the lines of your text or in the margin. This practice will only divert your concentration from the foreign word, the one you want to learn, and make you constantly depend on the English translation.

As you read, you may discover difficult expressions or phrases that you do not understand, even though you know their individual words. Underline them also because they are probably idioms—expressions with special meanings not readily apparent through the words they comprise. Certain passages of several lines in length also may be wholly or partially unclear. If they are, place a vertical line beside them in the margin of your text.

---

[5]Articles by a number of scholars in the modern languages (Boyd G. Carter, Willis Knapp Jones, William G. Moulton, Donald D. Walsh, and F. R. Whitesell) reflect an almost total consensus as to the efficacy of the method outlined in these paragraphs.

The third step in your preparation is to read the entire assignment again. As you do this, test your recall of the underlined new words. If you cannot remember a word, look it up again and place a second dot by it. If this reading fails to help you decipher the underlined idioms or clarify the passages marked by a vertical line, mark them a second time. When you go to class, ask your teacher to help you with these difficulties. They will already be marked so that you can direct your teacher immediately to the correct page and line.

Finally, turn immediately to the exercises at the end of the selection and write out your answers to the questionnaire. This will set the facts of plot development more firmly in your mind while reinforcing your overall comprehension of the story.

By following this procedure you will help yourself in several beneficial ways. You will have read each assignment at least three times; you will have made a list of your problem words, those bearing more than one dot; difficult idioms will be highlighted in your text by double underlining; unclear passages will be easily found because they carry two vertical lines in the margin; and your answers to the questionnaire will form a brief résumé of the story's plot. Therefore, reviewing for a test will become more efficient because all new and difficult items will be easy to find whereas easier material will have already been read at least three times. Most important of all, you will have directed your study efforts in a systematic and efficient way that produces useful reading skills and a feeling of personal achievement.

ACKNOWLEDGMENTS

Our thanks go to the authors, agencies, and individuals who so graciously gave their permission to reprint the stories included in this anthology.

Poniatowska, Elena. "El recado," by permission of the author. Elena Poniatowska is the author of *Tinísima, Here's to You, Jesusa!*, and *The Skin of the Sky*.

Quiroga, Horacio. "Juan Darién," by permission of Editorial Losada S.A.

Borges, Jorge Luis. "Los dos reyes y los dos laberintos," © 1995 by Maria Kodama, permission of The Wylie Agency.

Acevedo, Ramón Luis. "El encuentro," in *No mires ahora . . . y otros cuentos*, © La Editorial, Universidad de Puerto Rico.

Dávila, Amparo. "El huésped," in *Tiempo destrozado*, D.R. © (1959) FONDO DE CULTURA ECONÓMICA. Carretera Picacho-Ajusco 227, C.P. 14200, México, D.F. Esta edición consta de 7,000 ejemplares.

Cortázar, Julio. "Continuidad de los parques," in *Final del juego*, © Herederos de Julio Cortázar, 1956.

García Márquez, Gabriel. "Un día de éstos," in *Los funerales de la Mamá Grande*, © Gabriel García Márquez, 1962.

Montero, Rosa. "La gloria de los feos," in *Amantes y enemigos: Cuentos de parejas*, by permission of Agencia Literaria de Carmen Balcells, S.A.

Cortés-Vélez, Dinorah. "Estampida," by permission of the author.

Echenique, Alfredo Bryce. "La corta vida feliz del profesor Iriarte," by permission of Agencia Literaria de Carmen Balcells, S.A.

Laforet, Carmen. "Rosamunda," in *La niña y otros relatos*, © Herederos de Carmen Laforet, 1970.

Arenas, Reinaldo. "Con los ojos cerrados," © Estate of Reinaldo Arenas.

1

El recado

Elena Poniatowska

Elena Poniatowska (1932–) was born in Paris of a Polish/French father and a Mexican mother. The family moved to Mexico ten years later, where Poniatowska became a citizen in 1969. She is one of Mexico's leading writers in contemporary Spanish-American literature. In her works she deals with social and political topics, particularly the role of Hispanic women and other marginalized groups in society. Her works include *Hasta no verte Jesús mío* (1969; *Here's to You, Jesusa*) and *Tinísima* (1992), a biography about the Italian photographer Tina Modotti. In other books, such as *Nothing, Nobody* (1988), and *La noche de Tlatelolco* (1971; *Massacre in Mexico*), Poniatowska gives voice to the humblest Mexican people. "El recado" appears in her second volume of stories, *Los cuentos de Lilus Kikus* (1967).

Poniatowska has received numerous honors and awards, including a Guggenheim Fellowship and an Emeritus Fellowship from Mexico's National Council of Culture and Arts. In 1979 she became the first woman to win the Mexican national award for journalism.

Antes de leer

Vocabulario

Sustantivos

el peldaño   *front step (of a staircase)*

la mimosa   *type of flowering shrub*

el vidrio   *glass*

la olla   *pot*

el hueco   *hole*

la sopa   *soup*

el rinconcito   *tiny corner*

la banqueta   *sidewalk (Mexico)*

el remolino   *crowd*

la recámara   *bedroom*

la colonia   *city, district, neighborhood*

la granada   *pomegranate*

el gajo   *segment*

Adjetivos

azul marino   *navy blue*

Verbos

recargar en   *to lean against*

arrancar   *to pull off*

sembrar   *to sow, seed*

debilitarse   *to become weak, weaken*

soler   *to be in the habit of*

tener la certeza   *to be quite sure*

prender   *to turn on*

A. Match each definition with the word it describes.

1. mensaje que se envía a alguien
2. persona que recibe fácilmente enseñanza
3. reparar en algo
4. cara de una persona
5. esperar que llegue alguien
6. conocimiento seguro y claro de alguna cosa
7. sacudir violentamente una cosa
8. orilla de la calle destinada a los peatones
9. caminar la tropa con cierto orden y compás
10. percibir una idea como si la tuviera delante
11. carencia de compañía

a. dócil
b. intuir
c. marchar
d. soledad
e. banqueta
f. recado
g. rostro
h. aguardar
i. certeza
j. sacudir
k. advertir

B. Match each of the following words with its antonym.

1. dócil
2. accesible
3. lustroso

a. inalcanzable
b. sosegado
c. indisciplinado

4. apresurado   d. deprisa
5. despacio   e. opaco

C. Complete the following sentences using the most appropriate word from the reading.

1. Mi casa está situada en la próxima _____ (rama / espada / cuadra).

2. Si quieres llegar a tiempo, debes _____ (colgar / cruzar / rescatar) la calle.

3. Elena dice que llegará _____ (dentro de poco / ayer / la semana pasada) de Florida.

4. Los soldados irán de marcha _____ (a lo largo de / debajo de / encima de) la calle.

5. Juan, no me _____ (sacudas / apresures / robes) el brazo que llevo un vaso de leche.

6. En ese retrato se mantiene intacta la imagen de su _____ (muro / rostro / tamaño).

D. Temas de orientación

1. ¿Qué le sugiere el título de este cuento? ¿Sobre qué piensa que va a tratar la historia que va a leer?

2. ¿Cómo cree que son las relaciones entre hombres y mujeres en los países hispanos?

3. Este cuento tiene una narradora en primera persona. ¿Qué ventajas o inconvenientes tiene un relato contado desde este punto de vista?

El recado

Vine, Martín, y no estás. Me he sentado en el peldaño[1] de tu casa, recargada[2] en tu puerta y pienso que en algún lugar de la ciudad, por una onda que cruza el aire, debes intuir que aquí estoy. Éste es tu pedacito de jardín; tu mimosa se inclina hacia afuera y los niños al pasar le arrancan las ramas[3] más accesibles... En la tierra, sembradas[4]   5

---

[1] **peldaño**   front step
[2] **recargada**   leaning against
[3] **arrancan las ramas**   pull off the branches
[4] **sembradas**   planted

alrededor del muro, muy rectilíneas, veo unas flores que tienen hojas
como espadas[5]. Son azul marino, muy serias. Esas flores parecen soldados. Son muy graves, muy honestas. Tú también eres un soldado.
Marchas por la vida, uno, dos, uno, dos... Todo tu jardín es sólido; es
10 como tú; tiene una reciedumbre[6] que inspira confianza.

    Aquí estoy contra el muro de tu casa, así como estoy a veces con-
tra el muro de tu espalda[7]. El sol da también contra el vidrio[8] de tu
puerta, contra el vidrio de tus ventanas y poco a poco se debilita
porque ya es tarde. El cielo enrojecido ha calentado tu madreselva[9] y
15 su olor se vuelve aún más penetrante. Es el atardecer. El día va a
decaer. Tu vecina pasa. No sé si me habrá visto. Va a regar su pedazo
de jardín. Recuerdo que ella te trae una sopa de pasta[10] cuando estás
enfermo y que su hija te pone inyecciones... Pienso en ti muy
despacito, muy despacito, como si te dibujara dentro de mí y quedaras
20 allí grabado. Quisiera tener la certeza de que te voy a ver mañana y
pasado mañana y siempre, en una cadena ininterrumpida de días, que
podré mirarte lentamente aunque ya me sé cada rinconcito[11] de tu rostro; que nada entre nosotros ha sido provisional o un accidente...

    Estoy inclinada ante una hoja de papel y te escribo todo esto y
25 pienso que ahora, en alguna cuadra donde camines, apresurado, decidido, como sueles hacerlo, en alguna de esas calles por donde te ima-
gino siempre: Donceles o Cinco de Febrero o Venustiano Carranza[12],
en alguna de esas banquetas[13] grises y monocordes rotas sólo por el
remolino[14] de la gente que va a tomar el camión[15], has de saber dentro
30 de ti que te espero. Vine nada más a decirte que te quiero y como no
estás te lo escribo. Ya casi no puedo escribírtelo porque ya se fue el sol
y no sé bien a bien lo que te pongo. Afuera pasan más niños, corriendo.
Y una señora con una olla[16] llena de leche. No la distingo pero oigo
que advierte irritada: "No me sacudas así la mano porque voy a tirar la
35 leche..." Y dejo este lápiz, Martín, y dejo la hoja rayada y dejo que mis
brazos cuelguen inútilmente a lo largo de mi cuerpo y te espero.
Pienso que te hubiera querido abrazar. A veces quisiera ser más vieja
porque la juventud lleva en sí la imperiosa, la implacable[17] necesidad
de relacionarlo todo con el amor...

---

[5] **espadas** swords
[6] **reciedumbre** strength
[7] **espalda** back
[8] **vidrio** glass
[9] **madreselva** honeysuckle
[10] **sopa de pasta** noodle soup
[11] **rinconcito** tiny corner

[12] **Donceles o Cinco de Febrero o Venustiano Carranza** street names in Mexico City
[13] **banquetas** sidewalks
[14] **remolino** crowd
[15] **camión** bus
[16] **olla** pot
[17] **implacable** relentless

Ladra un perro; ladra agresivamente. Creo que ya es hora de irme. ₄₀
Dentro de poco vendrá la vecina a prender[18] la luz de tu casa; ella tiene
llave y encenderá el foco de la recámara que da hacia afuera porque en
esta colonia[19] roban mucho, roban mucho. A los pobres les roban
mucho; los pobres se roban entre sí... Sabes, desde mi infancia me he
sentado así a esperar, siempre fui dócil, porque te esperaba. A veces ₄₅
junto a la ventana, hacía como que estaba leyendo pero en realidad,
esperaba. Te esperaba a ti. Sé que todas las mujeres aguardan. Son
capaces de cualquier sacrificio, de cualquier esfuerzo mientras
aguardan. Aguardan la vida futura. Todas esas imágenes forjadas en la
soledad, todo ese bosque que camina hacia ellas; toda esa inmensa ₅₀
promesa que es el hombre: una granada[20] que de pronto se abre y muestra sus granos rojos, lustrosos; una granada como una boca pulposa de
mil gajos[21]... Más tarde, esas horas ya vividas en la imaginación hechas
horas reales tendrán que cobrar peso y tamaño[22] y crudeza.

Todos estamos —¡oh mi amor!— tan llenos de retratos interiores, ₅₅
tan llenos de paisajes no vividos...

Ha caído la noche y ya casi no veo lo que estoy borroneando[23] en la
hoja rayada. Ya no percibo las letras. Allí donde no la entiendas, en los
espacios blancos, en los huecos[24], pon: "Te quiero"... No sé si voy a
echar esta hoja debajo de la puerta, no sé. Me has dado un tal respeto de ₆₀
ti mismo... Quizás ahora que me vaya, sólo pase a pedirle a la vecina que
te dé el recado; que te diga que vine...

Después de leer

A. Comprensión inmediata Indicate whether the following statements
are true or false according to the story. If a statement is false, explain
why and give the correct answer.

1. Martín no está en casa, pero debe imaginar que la mujer le espera.
2. La casa, aunque no tiene jardín, está rodeada de un muro con
   mimosas y otras flores.
3. La mujer ha venido a hablar con Martín para solucionar los
   problemas que tienen.

---

[18] **prender**   to turn on
[19] **colonia**   city district
[20] **granada**   pomegranate
[21] **mil gajos**   a thousand segments

[22] **cobrar peso y tamaño**   to become more
important
[23] **borroneando**   scribbling
[24] **huecos**   gaps

4. La vecina suele ayudar a Martín cuando éste está enfermo y necesita ayuda.

5. A Martín le encantan las granadas y cada vez que puede se come una.

6. La narradora le escribe una carta a Martín porque él no está en casa.

7. A Martín le han robado varias veces en su casa.

8. La narradora es una mujer fuerte y decidida.

B. Cuestionario

1. ¿Cuál es la forma narrativa de este cuento?

2. ¿Quién habla? ¿A quién se dirige la narradora?

3. ¿Dónde se encuentra la narradora mientras escribe?

4. ¿Qué ve la narradora en el jardín de Martín?

5. ¿Qué hace la vecina de Martín cuando él está enfermo?

6. ¿Dónde está Martín ahora?

7. ¿Cuál es el motivo por el que la narradora escribe la carta?

8. ¿Por qué no puede ver bien lo que está escribiendo?

9. Según la narradora, ¿qué necesidad tiene la juventud?

10. ¿Por qué roban mucho en la colonia de Martín?

11. Según la narradora, ¿qué aguardan todas las mujeres?

12. ¿Qué hace la narradora con la carta de amor?

13. ¿Qué recado va a dejar la narradora con la vecina?

C. Discusión y opiniones

1. ¿Qué impresión tiene usted de Martín? ¿Qué piensa de él la narradora?

2. ¿Cómo es el amor de la narradora hacia Martín? ¿Cuál es su actitud hacia los hombres? ¿Qué opinión tiene usted de la manera de pensar de la narradora?

3. ¿Por qué cree usted que la narradora duda en echar la carta debajo de la puerta?

4. ¿Qué tipo de mujer se describe en este cuento? ¿Cree usted que existen mujeres como la narradora hoy en día?

5. ¿Qué representa Martín en el cuento? ¿Hay esperanza para la narradora? Explique. ¿Qué espera ella?

6. ¿Qué significado tiene el título del cuento?

7. ¿Qué importancia tiene el recado en este cuento de Poniatowska? ¿Qué decide hacer la mujer al final? ¿Qué piensa usted del desenlace del cuento?

D. Repaso gramatical (el presente de indicativo de verbos irregulares) Complete the sentences with the *present indicative* of the verbs in parentheses.

1. Martín, yo (pensar) _____ que en algún lugar de la ciudad, tú (deber) _____ intuir que aquí estoy.

2. Yo (ver) _____ unas flores que (tener) _____ hojas como espadas.

3. El sol (dar) _____ también contra el vidrio y poco a poco se (debilitar) _____ porque ya es tarde.

4. El cielo enrojecido (calentar) _____ tu madreselva y su olor se (volver) _____ más penetrante.

5. Yo te (escribir) _____ todo esto y (pensar) _____ que ahora tú (caminar) _____ por las calles.

6. Yo sólo (querer) _____ decirte que te (amar) _____.

7. Ya casi no (poder) _____ escribir porque el sol no (estar) _____ y (yo) no (saber) _____ lo que (poner) _____.

8. Mis brazos (colgar) _____ a lo largo de mi cuerpo y (yo) te (esperar) _____.

9. Yo (pensar) _____ que te (querer) _____ abrazar.

10. En los párrafos que tú no (entender) _____ de la carta, tú (deber) _____ escribir «te quiero».

2

Juan Darién

Horacio Quiroga

Horacio Quiroga was born in 1878 in Salto (Uruguay), but spent the majority of his life in Argentina, where he died in 1937. Sadly, much of his life was spent in poverty and tragedy. His father was killed in an accidental shooting when Quiroga was only a child. In 1891, the family moved to Montevideo, where Quiroga studied at the university for a short time. His stepfather committed suicide in 1900, and after touring the uninhabited areas of Argentina as a photographer, Quiroga settled in the Chaco Province in 1904. He then returned to teaching in Buenos Aires, where he married one of his pupils, Ana María Cirés. Together, they had two children, a son and a daughter, yet unable to tolerate the harsh conditions of life in Chaco, Quiroga's wife poisoned herself just six years later. In 1927, he married a friend of his daughter's, María Elena Bravo. The marriage would eventually end in separation. Throughout his life, Quiroga suffered from mental disorders, and eventually killed himself by ingesting cyanide shortly after being diagnosed with stomach cancer. Ultimately, both of Quiroga's children would commit suicide as well.

Quiroga is considered a master of the short story and is often compared to Edgar Allan Poe. Throughout his career, Quiroga wrote over 200 short stories, many of them set in jungle environments. His obsession with death, the conviction that men cannot escape their fates, and an emphasis on the bizarre and the monstrous are the hallmarks of many of his tales. His collections of short stories include *Cuentos de la selva* (1918), *Anaconda* (1921), and *El desierto* (1924). His most famous collections are *Cuentos de amor, de locura y de muerte* (1917), where he demonstrates his interest in strange and morbid themes, as well as *Los desterrados* (1926). *Cuentos de la selva* is a collection of animal fables for children. *Anaconda*, a book in the style of Kipling's *Jungle Book*, describes the world of snakes in which they battle against each other, as well as with men.

"*Juan Darién*" is a short story which tells of an orphaned tiger cub in the South American jungle that is transformed into a human being through the love of a woman mourning the death of her child. At the end of the story, the fear and cruelty of his neighbors change the boy back into a savage beast of the jungle.

Antes de leer

Vocabulario

Sustantivos

la camisa	*shirt*
la selva	*jungle*
la viruela	*smallpox*
la criatura	*creature*
la viuda	*widow*
el chiquito	*kid*
la compasión	*compassion*
el cielo	*sky, heaven*
el ángel	*angel*
el portón	*main door*
el amanecer	*dawn*
el cachorro	*cub*
la fiera	*wild animal*
el seno	*breast*
la garganta	*throat*
el gemido	*groan*
el hambre	*hunger*
la serpiente	*snake, serpent*
el rebozo	*shawl*
la gratitud	*gratitude*
la tumba	*grave, tomb*
el desenlace	*outcome, result*
los fuegos artificiales	*fireworks*
el arroyo	*brook, stream*
el barro	*mud*

el bigote	*mustache*
el domador	*tamer*

Verbos

criar	*to bring up, raise*
asistir	*to attend*
matar	*to kill*
perder	*to lose*
enterrar	*to bury*
rugir	*to roar*
murmurar	*to gossip*
agacharse	*to duck*
ronronear	*to purr*
arrebatar	*to seize*
sobresaltar	*to startle*
gritar	*to shout*
temer	*to fear*
apresurarse	*to hurry up*
casarse	*to marry, get married*
apaciaguar	*to calm down*
instruir	*to instruct*
tartamudear	*to stutter, stammer*
demorar	*to delay*
figurarse	*to imagine, suppose*
devorar	*to devour*

apoderarse de   *to take possession of*
protestar   *to protest*
apartarse   *to move over, move away*
ladrar   *to bark*

Adjetivos

vacilante   *hesitant, unsteady*
mísero(a)   *miserable*
indefenso(a)   *helpless*
desvalido(a)   *defenseless*
cómodo(a)   *comfortable*
adherido(a)   *attached*
herido(a)   *injured*
salvaje   *wild*
suave   *soft*
cariñoso(a)   *affectionate, loving*
áspero(a)   *rough*

ronco(a)   *harsh*
brusco(a)   *brusque*
manso(a)   *gentle*
sabio(a)   *wise*
desgraciado(a)   *unfortunate*
furioso(a)   *furious*
entrañable   *close, intimate*
noble   *noble*
generoso(a)   *generous*
aventajado(a)   *outstanding*
verdoso(a)   *greenish*
seco(a)   *dry*
aplastado(a)   *flattened*
dañino(a)   *harmful*
enfurecido(a)   *enraged*
apacible   *calm, mild*

Expresiones

ahora bien   *however*
a menos que   *unless*

A. From the vocabulary list choose the word that best fits the description of each statement.

1. persona que se dedica a domar animales o a exhibir animales domados

2. agradecimiento, reconocimiento de un favor o beneficio que se nos ha hecho

3. manso, dulce y agradable en la forma de ser y en el trato; de buen temple, tranquilo

4. aullido de algunos animales, o sonido de alguna cosa inanimada, semejante al gemido del hombre; expresión de pena y dolor con voz y sonido lastimero

5. perro de corta edad o cría de otro mamífero

6. extender un rumor

7. caudal corto de agua, casi continuo

8. persona a quien se le ha muerto su cónyuge y no ha vuelto a casarse

9. hablar con entrecortamiento involuntario de la fluidez y con repetición de sílabas o elementos lingüísticos

10. mostrar disconformidad, descontento u oposición

B. Select the noun or adjective that relates most logically to each verb.

1. ladrar   a. tigre   b. selva   c. perro   d. serpiente
2. ronronear a. salvaje   b. tigrecito   c. seno   d. suave
3. criar   a. garganta   b. tumba   c. madre   d. barro
4. enterrar   a. tumba   b. camisa   c. mísero   d. enfurecido
5. devorar   a. rebozo   b. desvalido   c. apacible   d. comida
6. casarse   a. amanecer   b. viuda   c. criatura   d. vacilante

C. Match each of the following words with its synonym.

1. cordial   a. desamparado
2. desinteresado   b. compasión
3. hambre   c. salvaje
4. aventajado   d. árido
5. lástima   e. generoso
6. agacharse   f. entrañable
7. ronco   g. inclinarse
8. desvalido   h. apetito
9. bárbaro   i. afónico
10. seco   j. adelantado

D. Temas de orientación

1. ¿Ha estado alguna vez en un parque zoológico? ¿Cuáles son sus animales favoritos?

2. ¿Cree que los animales salvajes no deben estar enjaulados? Explique su respuesta.

3. ¿Le gusta ver a los domadores de tigres y leones en los circos?

4. ¿Qué recuerdos tiene de la primera vez que fue al circo? ¿Qué es lo que más le gustó?

5. ¿Cree que es posible tener a un animal salvaje en casa como un animal doméstico? Explique.

Juan Darién

Aquí se cuenta la historia de un tigre que se crió y educó entre los hombres, y que se llamaba Juan Darién. Asistió cuatro años a la escuela vestido de pantalón y camisas, y dio sus lecciones corrientemente, aunque era un tigre de las selvas; pero esto se debe a que su
5   figura era de hombre, conforme se narra en las siguientes líneas:

Una vez, a principios de otoño, la viruela visitó un pueblo de un país lejano y mató a muchas personas. Los hermanos perdieron a sus hermanitas, y las criaturas que comenzaban a caminar quedaron sin padre ni madre. Las madres perdieron a su vez a sus hijos, y una pobre
10   mujer joven y viuda llevó ella misma a enterrar a su hijito, lo único que tenía en este mundo. Cuando volvió a su casa, se quedó sentada pensando en su chiquito. Y murmuraba:

—Dios debía haber tenido más compasión de mí, y me ha llevado a mi hijo. En el cielo podrá haber ángeles, pero mi hijo no los conoce.
15   Y a quien él conoce bien es a mí, ¡pobre hijo mío!

Y miraba a lo lejos, pues estaba sentada en el fondo de su casa, frente a un portoncito por donde se veía la selva.

Ahora bien; en la selva había muchos animales feroces que rugían al caer la noche y al amanecer. Y la pobre mujer, que conti-
20   nuaba sentada, alcanzó a ver en la oscuridad una cosa chiquita y vacilante que entraba por la puerta, como un gatito que apenas tuviera fuerzas para caminar. La mujer se agachó y levantó en las manos un tigrecito de pocos días, pues tenía aún los ojos cerrados. Y cuando el mísero cachorro sintió el contacto de las manos, runroneó de contento,
25   porque ya no estaba solo. La madre tuvo largo rato suspendido en el aire aquel pequeño enemigo de los hombres, a aquella fiera indefensa que tan fácil le hubiera sido exterminar. Pero quedó pensativa ante el desvalido cachorro que venía quién sabe de dónde, y cuya madre con seguridad había muerto. Sin pensar bien en lo que hacía, llevó el
30   cachorrito a su seno, y lo rodeó con sus grandes manos. Y el tigrecito, al sentir el calor del pecho, buscó postura cómoda, runroneó tranquilo y se durmió con la garganta adherida al seno maternal.

La mujer, pensativa siempre, entró en la casa. Y en el resto de la noche, al oír los gemidos de hambre del cachorrito, y al ver cómo buscaba

su seno con los ojos cerrados, sintió en su corazón herido que ante la   35
suprema ley del Universo, una vida equivale a otra vida...

Y dio de mamar[1] al tigrecito.

El cachorro estaba salvado, y la madre había hallado un inmenso
consuelo. Tan grande su consuelo, que vio con terror el momento en
que aquél le sería arrebatado, porque si se llegaba a saber en el pueblo   40
que ella amamantaba[2] a un ser salvaje, matarían con seguridad a la
pequeña fiera. ¿Qué hacer? El cachorro, suave y cariñoso —pues
jugaba con ella sobre su pecho—, era ahora su propio hijo.

En estas circunstancias, un hombre que una noche de lluvia
pasaba corriendo ante la casa de la mujer oyó un gemido áspero —el   45
ronco gemido de las fieras que, aun recién nacidas, sobresaltan al ser
humano—. El hombre se detuvo bruscamente, y mientras buscaba a
tientas[3] el revólver, golpeó a la puerta. La madre, que había oído los
pasos, corrió loca de angustia a ocultar al tigrecito en el jardín. Pero su
buena suerte quiso que al abrir la puerta del fondo se hallara ante una   50
mansa, vieja y sabia serpiente que le cerraba el paso. La desgraciada
madre iba a gritar de terror, cuando la serpiente habló así:

—Nada temas, mujer —le dijo—. Tu corazón de madre te ha per-
mitido salvar una vida del Universo, donde todas las vidas tienen el
mismo valor. Pero los hombres no te comprenderán, y querrán matar a   55
tu nuevo hijo. Nada temas, ve tranquila. Desde este momento tu hijo
tiene forma humana; nunca lo reconocerán. Forma su corazón,
enséñale a ser bueno como tú, y él no sabrá jamás que no es hombre. A
menos... a menos que una madre de entre los hombres lo acuse; a
menos que una madre no le exija que devuelva con su sangre lo que tú   60
has dado por él, tu hijo será siempre digno de ti. Ve tranquila, madre, y
apresúrate, que el hombre va a echar la puerta abajo.

Y la madre creyó a la serpiente, porque en todas las religiones de
los hombres la serpiente conoce el misterio de las vidas que pueblan
los mundos. Fue, pues, corriendo a abrir la puerta, y el hombre,   65
furioso, entró con el revólver en la mano, y buscó por todas partes sin
hallar nada. Cuando salió, la mujer abrió, temblando, el rebozo bajo el
cual ocultaba al tigrecito sobre su seno y en su lugar vio a un niño que
dormía tranquilo. Traspasada[4] de dicha, lloró largo rato en silencio
sobre su salvaje hijo hecho hombre, lágrimas de gratitud que doce   70
años más tarde ese mismo hijo debía pagar con sangre sobre su tumba.

---

[1] **dio de mamar**   nursed
[2] **amamantaba**   nursed

[3] **buscaba a tientas**   groped for, in a
fumbling manner
[4] **traspasada**   overcome

Pasó el tiempo. El nuevo niño necesitaba un nombre: se le puso Juan Darién. Necesitaba alimentos, ropa, calzado: se le dotó de todo, para lo cual la madre trabajaba día y noche. Ella era aún muy joven, y
75 podría haberse vuelto a casar, si hubiera querido; pero le bastaba el amor entrañable de su hijo, amor que ella devolvía con todo su corazón.

Juan Darién era, efectivamente, digno de ser querido: noble, bueno y generoso como nadie. Por su madre, en particular, tenía una
80 veneración profunda. No mentía jamás. ¿Acaso por ser un ser salvaje en el fondo de su naturaleza? Es posible; pues no se sabe aún qué influencia puede tener en un animal recién nacido la pureza de un alma bebida con la leche en el seno de una santa mujer.

Tal era Juan Darién. E iba a la escuela con los chicos de su edad,
85 los que se burlaban a menudo de él, a causa de su pelo áspero y su timidez. Juan Darién no era muy inteligente; pero compensaba esto con su gran amor al estudio.

Así las cosas, cuando la criatura iba a cumplir diez años, su madre murió. Juan Darién sufrió lo que no es decible, hasta que el
90 tiempo apaciguó su pena. Pero fue en adelante un muchacho triste, que sólo deseaba instruirse.

Algo debemos confesar ahora: a Juan Darién no se le amaba en el pueblo. Las gentes de los pueblos encerrados en la selva no gustan de los muchachos demasiado generosos y que estudian con toda el alma.
95 Era, además, el primer alumno de la escuela. Y este conjunto precipitó el desenlace con un acontecimiento que dio razón a la profecía de la serpiente.

Aprontábase el pueblo a celebrar una gran fiesta, y de la ciudad distante habían mandado fuegos artificiales. En la escuela se dio un
100 repaso general a los chicos, pues un inspector debía venir a observar las clases. Cuando el inspector llegó, el maestro hizo dar la lección al primero de todos, a Juan Darién. Juan Darién era el alumno más aventajado; pero con la emoción del caso, tartamudeó y la lengua se le trabó[5] con un sonido extraño.
105 El inspector observó al alumno un largo rato, y habló en seguida en voz baja con el maestro.

—¿Quién es ese muchacho? —le preguntó—. ¿De dónde ha salido?

—Se llama Juan Darién —respondió el maestro— y lo crió una mujer que ya ha muerto; pero nadie sabe de dónde ha venido.

---

[5] **la lengua se le trabó**   got tongue-tied

—Es extraño, muy extraño... —murmuró el inspector, observando el pelo áspero y el reflejo verdoso que tenían los ojos de Juan Darién cuando estaba en la sombra.

El inspector sabía que en el mundo hay cosas mucho más extrañas que las que nadie puede inventar; y sabía al mismo tiempo que con preguntar a Juan Darién nunca podría averiguar si el alumno había sido antes lo que él temía: esto es, un animal salvaje. Pero así como hay hombres que en estados especiales recuerdan cosas que les han pasado a sus abuelos, así era también posible que, bajo una sugestión hipnótica, Juan Darién recordara su vida de bestia salvaje. Y los chicos que lean esto y no sepan de qué se habla, pueden preguntarlo a las personas grandes.

Por lo cual el inspector subió a la tarima[6] y habló así:

—Bien, niño. Deseo ahora que uno de ustedes nos describa la selva. Ustedes se han criado casi en ella y la conocen bien. ¿Cómo es la selva? ¿Qué pasa en ella? Esto es lo que quiero saber. Vamos a ver, tú —añadió dirigiéndose a un alumno cualquiera—. Sube a la tarima y cuéntanos lo que hayas visto.

El chico subió, y aunque estaba asustado, habló un rato. Dijo que en el bosque hay árboles gigantes, enredaderas[7] y florecillas. Cuando concluyó, pasó otro chico a la tarima, y después otro. Y aunque todos conocían bien la selva, todos respondieron lo mismo, porque los chicos y muchos hombres no cuentan lo que ven sino lo que han leído sobre lo mismo que acaban de ver. Y al fin el inspector dijo:

Ahora le toca[8] al alumno Juan Darién.

Juan Darién subió a la tarima, se sentó y dijo más o menos lo que los otros. Pero el inspector, poniéndole la mano sobre el hombro, exclamó:

—No, no. Quiero que tú recuerdes bien lo que has visto. Ahora cierra los ojos.

Juan Darién cerró los ojos.

—Bien —prosiguió el inspector—. Dime lo que ves en la selva.

Juan Darién, siempre con los ojos cerrados, demoró un instante en contestar.

—No veo nada —dijo al fin.

—Pronto vas a ver. Figurémonos que son las tres de la mañana, poco antes del amanecer. Hemos concluido de comer, por ejemplo...

---

[6] **tarima** platform   [8] **le toca (a él)** it's his turn
[7] **enredaderas** climbing plants

Estamos en la selva, en la oscuridad... Delante de nosotros hay un arroyo. ¿Qué ves?

Juan Darién pasó otro momento en silencio. Y en la clase y en el
150 bosque próximo había también un gran silencio. De pronto, Juan Darién se estremeció, y con voz lenta, como si soñara, dijo:

—Veo las piedras que pasan y las ramas que se doblan... Y el suelo... Y veo las hojas secas que se quedan aplastadas sobre las piedras...

155 —¡Un momento! —lo interrumpió el inspector—. Las piedras y las hojas que pasan: ¿a qué altura las ves?

El inspector preguntaba esto porque si Juan Darién estaba "viendo" efectivamente lo que él hacía en la selva cuando era animal salvaje e iba a beber después de haber comido, vería también que las
160 piedras que encuentran un tigre o una pantera que se acercan muy agachados al río, pasan a la altura de los ojos. Y repitió:

—¿A qué altura ves las piedras?

Y Juan Darién, siempre con los ojos cerrados, respondió:

—Pasan sobre el suelo... Rozan[9] las orejas... Y las hojas sueltas se
165 mueven con el aliento... Y siento la humedad del barro en...

La voz de Juan Darién se cortó.

—¿En dónde? —preguntó con voz firme el inspector—. ¿Dónde sientes la humedad del agua?

—¡En los bigotes! —dijo con voz ronca Juan Darién, abriendo
170 los ojos espantado.

Comenzaba el crepúsculo, y por la ventana se veía cerca la selva ya lóbrega[10]. Los alumnos no comprendieron lo terrible de aquella evocación; pero tampoco se rieron de esos extraordinarios bigotes de Juan Darién, que no tenía bigote alguno. Y no se rieron, porque el ros-
175 tro de la criatura estaba pálido y ansioso.

La clase había concluido. El inspector no era un mal hombre; pero, como todos los hombres que viven muy cerca de la selva, odiaba ciegamente a los tigres; por lo cual dijo en voz baja al maestro:

—Es preciso matar a Juan Darién. Es una fiera del bosque, posi-
180 blemente un tigre. Debemos matarlo, porque si no, él, tarde o tem-prano, nos matará a todos. Hasta ahora su maldad de fiera no ha des-pertado; pero explotará un día u otro, y entonces nos devorará a todos, puesto que le permitimos vivir con nosotros. Debemos, pues, matarlo. La dificultad está en que no podemos hacerlo mientras tenga forma

---

[9] **rozan**   brushed, touched   [10] **lóbrega**   gloomy

humana, porque no podremos probar ante todos que es un tigre. Parece 185
un hombre, y con los hombres hay que proceder con cuidado. Yo sé
que en la ciudad hay un domador de fieras. Llamémoslo, y él hallará
modo de que Juan Darién vuelva a su cuerpo de tigre. Y aunque no
pueda convertirlo en tigre, las gentes nos creerán y podremos echarlo
a la selva. Llamemos en seguida al domador, antes que Juan Darién 190
se escape.

Pero Juan Darién pensaba en todo, menos en escaparse, porque
no se daba cuenta de nada. ¿Cómo podía creer que él no era un hombre, cuando jamás había sentido otra cosa que amor a todos, y ni
siquiera tenía odio a los animales dañinos? 195

Mas las voces fueron corriendo[11] de boca en boca[12], y Juan
Darién comenzó a sufrir sus efectos. No le respondían una palabra, se
apartaban vivamente a su paso, y lo seguían desde lejos de noche.

—¿Qué tendré[13]? ¿Por qué son así conmigo? —se preguntaba
Juan Darién. 200

Y ya no solamente huían de él, sino que los muchachos le gritaban:

—¡Fuera de aquí! ¡Vuélvete de donde has venido! ¡Fuera!

Los grandes también, las personas mayores, no estaban menos
enfurecidas que los muchachos. Quién sabe qué llega a pasar, si la
misma tarde de la fiesta no hubiera llegado por fin el ansiado domador 205
de fieras. Juan Darién estaba en su casa preparándose la pobre sopa
que tomaba, cuando oyó la gritería de las gentes que avanzaban pre-
cipitadas hacia su casa. Apenas tuvo tiempo de salir a ver qué era. Se
apoderaron de él, arrastrándolo hasta la casa del domador.

—¡Aquí está! —gritaban, sacudiéndolo—. ¡Es éste! ¡Es un tigre! 210
¡No queremos saber nada con[14] tigres! ¡Quítele su figura de hombre y
lo mataremos!

Y los muchachos, sus condiscípulos a quienes más quería, y las
mismas personas viejas, gritaban:

—¡Es un tigre! ¡Juan Darién nos va a devorar! ¡Muera Juan 215
Darién!

Juan Darién protestaba y lloraba porque los golpes llovían sobre él,
y era una criatura de doce años. Pero en ese momento la gente se apartó,
y el domador, con grandes botas de charol[15], levita[16] roja y un látigo[17]

---

[11] **las voces fueron corriendo**   the rumors got going
[12] **de boca en boca**   from mouth to mouth
[13] **¿Qué tendré?**   What is the matter with me?
[14] **no queremos saber nada con**   we don't want to have anything to do with
[15] **charol**   patent leather
[16] **levita**   frock coat
[17] **látigo**   whip

220 en la mano, surgió ante Juan Darién. El domador lo miró fijamente, y
apretó con fuerza el puño[18] del látigo.

—¡Ah! —exclamó—. ¡Te reconozco bien! ¡A todos puedes
engañar, menos a mí! ¡Te estoy viendo, hijo de tigres! ¡Bajo tu camisa
estoy viendo las rayas del tigre! ¡Fuera la camisa, y traigan los perros
225 cazadores! ¡Veremos ahora si los perros te reconocen como hombre o
como tigre!

En un segundo arrancaron toda la ropa a Juan Darién, y lo arrojaron dentro de la jaula[19] para fieras.

—¡Suelten los perros, pronto! —gritó el domador—. ¡Y
230 encomiéndate a los dioses de tu selva, Juan Darién!

Y cuatro feroces perros cazadores de tigres fueron lanzados dentro de la jaula.

El domador hizo esto porque los perros reconocen siempre el olor
del tigre; y en cuanto olfatearan[20] a Juan Darién sin ropa, lo harían
235 pedazos, pues podrían ver con sus ojos de perros cazadores las rayas
de tigre ocultas bajo la piel de hombre.

Pero los perros no vieron otra cosa en Juan Darién que al muchacho bueno que quería hasta a los mismos animales dañinos. Y movían
apacibles la cola al olerlo.

240 —¡Devóralo! ¡Es un tigre! ¡Toca! ¡Toca! —gritaba a los perros. Y
los perros ladraban y saltaban enloquecidos por la jaula, sin saber a
qué atacar.

La prueba no había dado resultado.

—¡Muy bien! —exclamó entonces el domador—. Estos son pe-
245 rros bastardos, de casta de tigre. No lo reconocen. Pero yo te
reconozco, Juan Darién, y ahora nos vamos a ver nosotros.

Y así diciendo entró él en la jaula y levantó el látigo.

—¡Tigre! —gritó—. ¡Estás ante un hombre, y tú eres un tigre!
¡Allí estoy viendo, bajo tu piel robada de hombre, las rayas de tigre!
250 ¡Muestra las rayas!

Y cruzó el cuerpo de Juan Darién de un feroz latigazo[21]. La pobre
criatura desnuda lanzó un alarido[22] de dolor, mientras las gentes
enfurecidas repetían:

—¡Muestra las rayas de tigre!

255 Durante un rato prosiguió el atroz suplicio; y no deseo que los
niños que me oyen vean martirizar de este modo a ser alguno.

---

[18] **puño**   handle
[19] **jaula**   cage
[20] **olfatearan**   sniffed

[21] **latigazo**   lash
[22] **alarido**   shriek

—¡Por favor! ¡Me muero! —clamaba Juan Darién.

—¡Muestra las rayas! —le respondían.

—¡No, no! ¡Yo soy hombre! ¡Ay, mamá! —sollozaba[23] el infeliz.

—¡Muestra las rayas!   260

Por fin el suplicio concluyó. En el fondo de la jaula, arrinconado, aniquilado en un rincón, sólo quedaba un cuerpecito sangriento de niño, que había sido Juan Darién. Vivía aún, y aún podía caminar cuando se le sacó de allí; pero lleno de tales sufrimientos como nadie los sentirá nunca.   265

Lo sacaron de la jaula, y empujándolo por el medio de la calle, lo echaban del pueblo. Iba cayéndose a cada momento, y detrás de él iban los muchachos, las mujeres y los hombres maduros, empujándolo.

—¡Fuera de aquí, Juan Darién! ¡Vuélvete a la selva, hijo de tigre y corazón de tigre! ¡Fuera, Juan Darién!   270

Y los que estaban lejos y no podían pegarle, le tiraban piedras.

Juan Darién cayó del todo, por fin, tendiendo en busca de apoyo sus pobres manos de niño. Y su cruel destino quiso que una mujer, que estaba parada a la puerta de su casa sosteniendo en los brazos a una inocente criatura, interpretara mal ese ademán de suplica.   275

—¡Me ha querido robar mi hijo! —gritó la mujer—. ¡Ha tendido las manos para matarlo! ¡Es un tigre! ¡Matémosle en seguida, antes que él mate a nuestros hijos!

Así dijo la mujer. Y de este modo se cumplía la profecía de la serpiente: Juan Darién moriría, cuando una madre de los hombres le   280 exigiera la vida y el corazón de hombre que otra madre le había dado con su pecho.

No era necesaria otra acusación para decidir a las gentes enfurecidas. Y veinte brazos con piedras en la mano se levantaban ya para aplastar[24] a Juan Darién, cuando el domador ordenó desde atrás con   285 voz ronca:

—¡Marquémoslo con rayas de fuego! ¡Quemémoslo en los fuegos artificiales[25]!

Ya comenzaba a oscurecer, y cuando llegaron a la plaza era noche cerrada. En la plaza habían levantado un castillo de fuegos de artificio,   290 con ruedas, coronas y luces de Bengala[26]. Ataron en lo alto del centro a Juan Darién, y prendieron la mecha[27] desde un extremo. El hilo de

---

[23] **sollozaba**   sobbed
[24] **aplastar**   to flatten
[25] **fuegos artificiales**   fireworks
[26] **luces de Bengala**   sparklers
[27] **mecha**   wick

fuego corrió velozmente subiendo y bajando, y encendió el castillo entero. Y entre las estrellas fijas y las ruedas girantes de todos colores,
295 se vio allá arriba a Juan Darién sacrificado.

—¡Es tu último día de hombre, Juan Darién! —clamaban todos—. ¡Muestra las rayas!

—¡Perdón, perdón! —gritaba la criatura, retorciéndose[28] entre las chispas[29] y las nubes de humo. Las ruedas amarillas, rojas y verdes
300 giraban vertiginosamente, unas a la derecha y otras a la izquierda. Los chorros[30] de fuego tangente trazaban[31] grandes circunferencias; y en el medio, quemado por los regueros[32] de chispas que le cruzaban el cuerpo, se retorcía Juan Darién.

—¡Muestra las rayas! —rugían aún de abajo.

305 —¡No, perdón! ¡Yo soy hombre! —tuvo aún tiempo de clamar la infeliz criatura. Y tras un nuevo surco[33] de fuego, se pudo ver que su cuerpo se sacudía convulsivamente; que sus gemidos adquirían un timbre profundo y ronco, y que su cuerpo cambiaba poco a poco de forma. Y la muchedumbre[34], con un grito salvaje de triunfo, pudo ver
310 surgir por fin bajo la piel de hombre, las rayas negras, paralelas y fatales del tigre.

La atroz obra de crueldad se había cumplido; habían conseguido lo que querían. En vez de la criatura inocente de toda culpa, allá arriba no había sino un cuerpo de tigre que agonizaba rugiendo.

315 Las luces de Bengala se iban también apagando. Un último chorro de chispas con que moría una rueda alcanzó la soga[35] atada a las muñecas[36] (no: a las patas[37] del tigre, pues Juan Darién había concluido), y el cuerpo cayó pesadamente al suelo. Las gentes lo arrastraron hasta la linde[38] del bosque, abandonándolo allí, para que los
320 chacales[39] devoraran su cadáver y su corazón de fiera.

Pero el tigre no había muerto. Con la frescura nocturna volvió en sí[40], y arrastrándose presa de horribles tormentos se internó en la selva. Durante un mes entero no abandonó su guarida[41] en lo más tupido[42] del bosque, esperando con sombría paciencia de fiera que sus

---

[28] **retorciéndose**   writhing (in pain)
[29] **chispas**   sparks
[30] **chorros**   streams
[31] **trazaban**   drew
[32] **regueros**   showers
[33] **surco**   furrow
[34] **muchedumbre**   crowd
[35] **soga**   rope

[36] **muñecas**   wrists
[37] **patas**   legs (of an animal)
[38] **linde**   limit
[39] **chacales**   jackals
[40] **volvió en sí**   came to (regained consciousness)
[41] **guarida**   lair
[42] **tupido**   dense

heridas curaran. Todas cicatrizaron[43] por fin, menos una, una profunda quemadura en el costado[44], que no cerraba, y que el tigre vendó con grandes hojas. 325

Porque había conservado de su forma recién perdida tres cosas: el recuerdo vivo del pasado, la habilidad de sus manos, que manejaba como un hombre, y el lenguaje. Pero en el resto, absolutamente en todo, era una fiera, que no se distinguía en lo más mínimo de los otros tigres. 330

Cuando se sintió por fin curado, pasó la voz[45] a los demás tigres de la selva para que esa misma noche se reunieran delante del gran cañaveral[46] que lindaba con los cultivos. Y al entrar la noche se encaminó silenciosamente al pueblo. Trepó[47] a un árbol de los alrededores, y esperó largo tiempo inmóvil. Vio pasar bajo él, sin inquietarse a mirar siquiera, pobres mujeres y labradores fatigados, de aspecto miserable; hasta que al fin vio avanzar por el camino a un hombre de grandes botas y levita roja. 335

El tigre no movió una sola ramita al recogerse para saltar. Saltó sobre el domador, de una manotada[48] lo derribó desmayado, y cogiéndolo entre los dientes por la cintura lo llevó sin hacerle daño hasta el juncal[49]. 340

Allí, al pie de las inmensas cañas[50] que se alzaban invisibles, estaban los tigres de la selva moviéndose en la oscuridad, y sus ojos brillaban como luces que van de un lado para otro. El hombre proseguía desmayado. El tigre dijo entonces: 345

—Hermanos: Yo viví doce años entre los hombres, como un hombre mismo. Y yo soy un tigre. Tal vez pueda con mi proceder borrar[51] más tarde esta mancha. Hermanos: esta noche rompo el último lazo que me liga al pasado. 350

Y después de hablar así, recogió en la boca al hombre, que proseguía desmayado, y trepó con él a lo más alto del cañaveral, donde lo dejó atado entre dos bambús. Luego prendió fuego a las hojas secas del suelo, y pronto una llamarada crujiente[52] ascendió.

Los tigres retrocedían espantados ante el fuego. Pero el tigre les dijo: 355

—Paz, hermanos —Y aquellos se apaciguaron, sentándose de vientre con las patas cruzadas a mirar.

---

[43] **cicatrizaron** healed
[44] **costado** side
[45] **pasó la voz** spread the news
[46] **cañaveral** bed of reeds
[47] **trepó** climbed

[48] **manotada** slap
[49] **juncal** place full of rushes
[50] **cañas** reeds
[51] **borrar** to erase
[52] **crujiente** crackling

El juncal ardía como un inmenso castillo de artificio. Las cañas
360 estallaban como bombas, y sus haces se cruzaban en agudas flechas[53]
de color. Las llamaradas ascendían en bruscas y sordas bocanadas[54],
dejando bajo ellas lívidos huecos[55]; y en la cúspide[56], donde aún no
llegaba el fuego, las cañas se balanceaban crispadas por el calor.

Pero el hombre, tocado por las llamas, había vuelto en sí. Vio allá
365 abajo a los tigres con los ojos cárdenos[57] alzados a él, y lo comprendió
todo.

—¡Perdón, perdónenme! —aulló retorciéndose—. ¡Pido perdón
por todo!

Nadie contestó. El hombre se sintió entonces abandonado de
370 Dios, y gritó con toda su alma:

—¡Perdón, Juan Darién!

Al oír esto Juan Darién, alzó la cabeza y dijo fríamente:

—Aquí no hay nadie que se llame Juan Darién. No conozco a
Juan Darién. Este es un nombre de hombre, y aquí todos somos tigres.

375 Y volviéndose a sus compañeros, como si no comprendiera, preguntó:

—¿Alguno de ustedes se llama Juan Darién?

Pero ya las llamas habían abrasado el castillo hasta el cielo. Y
entre las agudas luces de Bengala que entrecruzaban la pared ardiente,
380 se pudo ver allá arriba un cuerpo negro que se quemaba, humeando.

—Ya estoy pronto, hermanos —dijo el tigre—. Pero aún me
queda algo por hacer.

Y se encaminó de nuevo al pueblo, seguido por los tigres sin que
él lo notara. Se detuvo ante un pobre y triste jardín, saltó la pared, y
385 pasando al costado de muchas cruces y lápidas[58], fue a detenerse ante
un pedazo de tierra sin ningún adorno, donde estaba enterrada la mujer
a quien había llamado madre ocho años. Se arrodilló[59] —se arrodilló
como un hombre—, y durante un rato no se oyó nada.

—¡Madre! —murmuró por fin el tigre con profunda ternura—.
390 Tú sola supiste, entre todos los hombres, los sagrados derechos a la
vida de todos los seres del universo. Tú sola comprendiste que el hombre y el tigre se diferencian únicamente por el corazón. Y tú me
enseñaste a amar, a comprender, a perdonar. ¡Madre! Estoy seguro de

---

[53] **flechas**   arrows
[54] **bocanadas**   puffs
[55] **huecos**   hollows
[56] **cúspide**   top

[57] **cárdenos**   purple
[58] **lápidas**   headstones
[59] **se arrodilló**   kneeled down

que me oyes. Soy tu hijo siempre, a pesar de lo que pase en adelante, pero de ti sólo. ¡Adiós, madre mía! 395

Y viendo al incorporarse los ojos cárdenos de sus hermanos que lo observaban tras la tapia, se unió otra vez a ellos.

El viento cálido les trajo en ese momento, desde el fondo de la noche, el estampido[60] de un tiro[61].

—Es en la selva —dijo el tigre—. Son los hombres. Están 400 cazando, matando, degollando[62].

Volviéndose entonces hacia el pueblo que iluminaba el reflejo de la selva encendida, exclamó:

—¡Raza sin redención! ¡Ahora me toca a mí!

Y retornando a la tumba en que acababa de orar[63], arrancóse de 405 un manotón la venda de la herida, y escribió en la cruz con su propia sangre, en grandes caracteres, debajo del nombre de su madre:

Y
Juan Darién

—Ya estamos en paz —dijo. Y enviando con sus hermanos un rugido de desafío[64] al pueblo aterrado, concluyó:

—Ahora, a la selva. ¡Y tigre para siempre!

Después de leer

A. Comprensión inmediata Read the following incomplete statements. Select the answer that fits best according to the story.

1. El tigre Juan Darién _____.

   a. iba a la escuela con el resto de los tigres

   b. deseaba vestirse como los hombres

   c. estudiaba sus lecciones en la selva

   d. tenía figura de hombre

---

[60] **estampido**   crack
[61] **tiro**   shot
[62] **degollando**   cutting throats

[63] **orar**   to pray
[64] **desafío**   challenge

2. En un pueblo de un país lejano, una pobre mujer _____.
   a. mató a muchas personas
   b. enterró a su pobre hijito
   c. perdió a sus hermanitas
   d. comenzó a caminar sin padre ni madre

3. La pobre mujer viuda _____.
   a. recogió del suelo a un pequeño cachorrito sin fuerzas
   b. en la oscuridad vio a un gatito indefenso
   c. no se atrevió a coger a aquella fiera
   d. se dio cuenta de que el cachorro estaba muerto

4. La serpiente le dijo a la mujer que _____.
   a. su vida sería muy feliz
   b. su hijo no tendría problemas en el futuro
   c. enseñara a su nuevo hijo a ser bueno
   d. su hijo sería un buen médico

5. Juan Darién creció _____.
   a. con un cariño muy grande por su madre
   b. como el verdadero salvaje que en realidad era
   c. como un chico muy inteligente
   d. siendo el mejor deportista de su escuela

6. La gente del pueblo no quería a Juan Darién porque _____.
   a. se peleaba con todos los chicos
   b. no estudiaba nada
   c. era muy generoso y el mejor alumno de la escuela
   d. llevó una serpiente a la escuela

7. El inspector de la escuela pensó que Juan Darién era extraño porque _____.
   a. iba vestido como un tigre
   b. se comportaba como un salvaje
   c. hablaba en una lengua diferente
   d. tenía pelo áspero y unos ojos verdosos

8. Juan Darién le dijo al inspector que podía _____.
   a. ver a los elefantes bebiendo en los arroyos
   b. saltar por los árboles como el resto de los tigres
   c. sentir la humedad del barro en los bigotes
   d. beber del río sin mojar sus bigotes
9. Era necesario matar al tigre porque _____.
   a. el domador no podía controlarlo
   b. era una fiera salvaje del bosque
   c. había matado a demasiadas personas
   d. al inspector no le gustó su sonrisa
10. La mujer que tenía el bebé en brazos pensó que _____.
    a. Juan Darién le quería robar su hijo
    b. Juan Darién había matado a su otro hijo
    c. la profecía de la serpiente era correcta
    d. era mejor perdonar a Juan Darién

B. Cuestionario

1. ¿Cuál fue la causa de la muerte de muchos niños del pueblo?
2. ¿Qué le ocurrió a la pobre mujer viuda?
3. ¿Qué vio la mujer en la oscuridad?
4. ¿Cómo era el animalito que encontró?
5. ¿Qué hizo la mujer con el cachorrito?
6. ¿Qué le dio de comer cuando comenzó a gemir de hambre?
7. ¿Qué decidió hacer la madre con el animalito?
8. ¿Qué le dijo la serpiente a la mujer?
9. ¿En qué se convirtió el tigrecito?
10. ¿Cuál es el nombre que se le puso al tigrecito?
11. ¿Cómo era Juan Darién?
12. ¿Por qué se burlaban de Juan Darién los niños de la escuela?
13. ¿Qué sospechó el inspector cuando llegó a la escuela?
14. ¿Qué hizo el inspector para probar que Juan Darién era una fiera?
15. ¿Por qué era necesario matar a Juan Darién?

16. ¿Para qué llamaron al domador de fieras?

17. ¿De qué manera se cumplió la profecía de la serpiente con la mujer que llevaba el bebé?

18. ¿Qué cambio se efectuó en Juan Darién cuando lo pusieron bajo el fuego?

19. ¿Cuánto tiempo necesitó el tigre para recuperarse de sus heridas?

20. ¿Qué conservó el tigre de su pasado como hombre?

21. ¿Cómo se vengó el tigre del domador?

22. ¿Qué escribió el tigre en la tumba de la mujer que había sido su madre?

23. ¿Qué va a hacer el tigre a partir de ese momento?

C. Discusión y opiniones

1. ¿Cree que Quiroga, el autor de este cuento, ha querido darnos un mensaje sobre cómo tratar a los animales? Explique.

2. ¿De qué manera ha hecho el autor una alabanza del mundo animal, al que considera muy alejado de los peligros de la civilización?

3. ¿Podemos decir que el hombre impacta de una manera negativa en el medio ambiente y que destroza la naturaleza?

4. ¿Existe el tema de la discriminación dentro del cuento? ¿Qué problemas ocasionan los prejuicios del pueblo?

5. ¿Podríamos considerar a Juan Darién como una representación de la figura de Cristo? ¿De qué manera? Explique.

6. En su opinión, ¿cuáles serían los mensajes más importantes de este cuento?

D. Repaso gramatical (verbos reflexivos)

Taking into account the plot of the story, complete the sentences with the present, imperfect, or preterite forms of the appropriate reflexive verbs from the following list.

casarse	**agacharse**	**burlarse**
apresurarse	**instruirse**	**sentirse**
prepararse	**caerse**	**arrodillarse**

1. Juan Darién _____ una sopa cuando la gente se acercaba a su casa.

2. Cuando _____ curado se reunió con el resto de los tigres.

3. Los chicos de la escuela _____ de Juan Darién.

4. Juan Darién fue a la tumba de su madre y _____ como un hombre.

5. En la escuela Juan Darién _____ lo más que puede.

6. La pobre mujer viuda _____ y levantó en sus manos un pequeño tigre.

7. Todos le empujaban y Juan Darién _____ al suelo a cada momento.

8. El hombre golpeó la puerta y la madre _____ a abrirla.

9. La joven viuda no _____ de nuevo porque tenía el amor de su hijo.

3

Los dos reyes y los dos laberintos

Jorge Luis Borges

Jorge Luis Borges (1899–1986) has been a primary figure in contemporary Argentine letters. His work received great acclaim when Latin American fiction gained international attention in the 1970s and 1980s. Although he wrote extensively in several genres—poetry, essays, and narratives—his short stories won him international fame.

Contrary to the politically committed stand of many Latin American authors, Borges's stories tend to be cosmopolitan and universal in tone and theme. Perhaps this is the natural reflection of having grown up in a home environment that prized the value of intellectual activity above all else. For some of his critics, this lifelong emphasis on the mind caused Borges to write with a detachment that leaves his work devoid of feeling. Borges himself said how this sense of detachment once caused an academic colleague to question the lyrical qualities in one of his poems. "What do you mean by publishing a poem entitled, 'Embarking on the Study of Anglo-Saxon Grammar'?" the colleague asked. Borges responded that learning Anglo-Saxon was an intimate experience for him, like enjoying a sunset or falling in love.

Viewing life as a labyrinth whose infinite ironies constantly refute the efforts of humankind to control its own destiny is a basic theme of many Borges stories. The selection included here contrasts two versions of the labyrinth, one human-made and the other, far more terrifying, the vast desert. In this story, the human-made labyrinth of the first king is almost reminiscent of the biblical tower of Babel, a challenge to God's supremacy. For this reason, the vengeance of the second king, although cruel and devastating, is justified by the need for God to assert his omnipotence by punishing the impertinent acts of the first ruler.

Antes de leer

Vocabulario

Sustantivos

la simplicidad   *simplicity*
Dios   *God*
el anochecer   *nightfall, dusk*
Alá   *Allah (Arabic word for God)*
la sencillez   *simplicity*
la declinación   *declining movement*
el mago   *magician, wise man*
el varón   *man, male (human)*

Verbos

implorar   *to beg, implore*
proferir   *to say, utter*
estragar   *to ruin, destroy*
juzgar   *to judge*
atar   *to tie, fasten*
perderse   *to become lost*

subir   *to ascend, go up, climb up, increase*
desatar   *to untie, unfasten*
morir   *to die*

Adjetivos

conveniente   *convenient*
último(a)   *last*
primero(a)   *first*
sutil   *subtle, cunning, complex*
afrentado(a)   *affronted, insulted, indignant*

Expresiones

dar a conocer   *to make known*
dar con   *to find*
tener a bien   *to see fit to*
hacer saber   *to inform*
el andar del tiempo   *the passing of time*

A. Match these synonyms.

1. con el paso del tiempo
2. simplicidad
3. Dios
4. imploró
5. la declinación de la tarde
6. profirieron
7. daría a conocer

a. el anochecer
b. dijeron
c. encontró
d. juzgó conveniente
e. Alá
f. haría saber
g. sencillez

8. dio con

9. estragó

10. ha tenido a bien

h. pidió

i. con el andar del tiempo

j. destruyó

B. Find an antonym for each of the words below from the following list

último	salir	destruir
bajar	ir	traer
encontrar	vivir	recibir
atar		

1. primero

2. construir

3. entrar

4. perder

5. venir

6. dar

7. llevar

8. subir

9. desatar

10. morir

C. In the text of the story, find Spanish equivalents for these words.

1. *architect*

2. *labyrinth*

3. *perplexing*

4. *prudent*

5. *scandal*

6. *operation*

7. *simplicity*

8. *fortune*

9. *castle*

10. *camel*

11. *desert*

12. *substance*

13. *bronze*

14. *gallery*

15. *glory*

D. Temas de orientación

1. ¿Qué quiere decir «la voluntad de Dios»?

2. ¿Qué juega un papel más poderoso en su vida, la voluntad de Dios o su propia voluntad?

3. ¿Hay alguna diferencia entre las creencias musulmanas y las judeocristianas, respecto a la voluntad de Dios?

4. ¿Ayuda Dios a los buenos y castiga a los malos?

5. ¿Ha habido o hay personas en el mundo que se creen más poderosas que Dios?

Los dos reyes y los dos laberintos

Cuentan los hombres dignos de fe[1] (pero Alá sabe más)[2] que en los primeros días hubo un rey de las islas de Babilonia que congregó a sus arquitectos y magos y les mandó construir un laberinto tan perplejo y sutil que los varones más prudentes no se aventuraban a entrar, y los que entraban se perdían. Esa obra era un escándalo,   5
porque la confusión y la maravilla son operaciones propias de Dios y no de los hombres. Con el andar del tiempo[3] vino a su corte un rey de los árabes, y el rey de Babilonia (para hacer burla de[4] la simplicidad de su huésped) lo hizo penetrar en el laberinto, donde vagó afrentado y confundido hasta la declinación de la tarde[5]. Entonces imploró socorro   10
divino y dio con la puerta. Sus labios no profirieron queja ninguna, pero le dijo al rey de Babilonia que él en Arabia tenía un laberinto mejor y que, si Dios era servido[6], se lo daría a conocer[7] algún día. Luego regresó a Arabia, juntó sus capitanes y sus alcaides y estragó los reinos de Babilonia con tan venturosa fortuna[8] que derribó   15
sus castillos, rompió sus gentes e hizo cautivo al mismo rey. Lo amarró encima de un camello veloz y lo llevó al desierto. Cabalgaron tres días, y le dijo: «¡Oh, rey del tiempo y substancia y cifra del siglo!, en Babilonia me quisiste perder en un laberinto de bronce con muchas escaleras, puertas y muros; ahora el Poderoso ha tenido a bien que   20
te muestre el mío, donde no hay escaleras que subir, ni puertas que forzar, ni fatigosas galerías que recorrer, ni muros que te veden el paso».

Luego le desató las ligaduras y lo abandonó en mitad del desierto, donde murió de hambre y de sed. La gloria sea con Aquél que no   25
muere.

---

[1] **dignos de fe**   trustworthy
[2] **Alá sabe más**   Arabic way of saying "God knows best"
[3] **con el andar del tiempo**   with the passage of time
[4] **hacer burla de**   to make fun of

[5] **la declinación de la tarde**   dusk
[6] **si Dios era servido**   God willing
[7] **se lo daría a conocer**   he would reveal it to him
[8] **con tan venturosa fortuna**   with such good luck

Después de leer

A. Comprensión inmediata Read each incomplete statement, and then select the item that best completes it according to the story.

1. El rey de Babilonia mandó construir _____.
   a. un desierto perplejo y sutil
   b. un palacio para los magos y arquitectos
   c. un laberinto
   d. una isla cerca de Babilonia

2. La confusión y la maravilla son operaciones propias de _____.
   a. los hombres
   b. los varones más prudentes
   c. los magos
   d. Dios

3. Un día _____ vino a la corte del rey de Babilonia.
   a. Alá
   b. un rey de los árabes
   c. un mago
   d. un arquitecto

4. El rey de Babilonia hizo penetrar en el laberinto al rey de los árabes para _____.
   a. burlarse de su simplicidad
   b. descansar
   c. poder construir un laberinto igual
   d. dar con la puerta

5. El rey de los árabes estaba _____ dentro del laberinto.
   a. muy confundido y afrentado
   b. muy agradecido
   c. dormido encima de un camello veloz
   d. quejándose mucho

6. El rey de los árabes dio con la puerta porque _____.
   a. el rey de Babilonia se la enseñó
   b. sus capitanes y alcaides lo ayudaron

    c. le imploró a Dios que lo ayudara

    d. le tocó la venturosa fortuna

7. El rey de Babilonia fue hecho cautivo por _____.

    a. el rey árabe

    b. un camello veloz

    c. la mano de Dios

    d. los mismos magos y arquitectos

8. El rey de los árabes abandonó al rey de Babilonia en _____.

    a. un laberinto de bronce

    b. un desierto de Arabia

    c. Babilonia

    d. un laberinto con muchas escaleras, puertas y muros

9. El laberinto del rey de Babilonia tenía _____.

    a. la vastedad del desierto

    b. muchas puertas, muros y escaleras

    c. un camello veloz

    d. forma de un castillo de bronce

10. Al final, el más poderoso de todos fue _____.

    a. el rey de los árabes

    b. Alá

    c. la venturosa fortuna

    d. el rey de Babilonia

B. Cuestionario

1. ¿Cuántos reyes hay en este cuento y de dónde son?

2. ¿A quiénes congregó el rey de Babilonia?

3. ¿Qué mandó construir el rey de Babilonia?

4. ¿Qué les pasaba a las personas que entraban al laberinto?

5. Con el paso del tiempo, ¿quién vino a la corte del rey de Babilonia?

6. ¿Por qué el rey de Babilonia hizo entrar al laberinto al rey de Arabia?

7. Al salir del laberinto, ¿qué le dijo el rey árabe al rey de Babilonia?

8. Después de regresar a Arabia, ¿qué hizo el rey árabe?

9. ¿Encima de qué amarró el rey árabe al rey de Babilonia?

10. ¿Dónde y cómo murió el rey de Babilonia?

11. De los dos laberintos, ¿cuál era el más terrible? ¿Por qué?

C. Discusión y opiniones

1. Describa Ud. el tono que adopta el narrador de este cuento. ¿Quién es el narrador?

2. ¿Qué clase de hombre era el rey de Babilonia? Examine sus motivos al mandar construir el laberinto. ¿Cuáles son?

3. Describa Ud. de qué manera el incidente con el rey de Arabia sirve de ejemplo de esos motivos.

4. ¿Cuál es el papel de Dios (Alá) en este cuento?

5. ¿Qué opina Ud. de las acciones crueles del rey de Arabia? ¿Son justificadas desde el punto de vista del narrador? ¿Por qué?

6. Si Ud. fuera el rey de Arabia, ¿cómo respondería Ud. a la actitud del rey de Babilonia?

7. Imagínese que está en un desierto. Describa el lugar donde vive y cómo sería su vida diaria allá.

D. Repaso gramatical (el pretérito de los verbos regulares) Rewrite the following sentences three times, substituting new subjects. Make sure the underlined verb agrees with the new subject and stays in the preterit tense.

1. El rey de Babilonia juntó a los magos y arquitectos. (tú, yo, ellas)

2. El rey mandó construir un laberinto. (él y yo, los hombres, Uds.)

3. El rey árabe recorrió el laberinto. (Juan y él, tú, la señora)

4. El rey con los alcaides y capitanes rompió a las gentes de Babilonia. (yo, nosotros, los soldados)

5. El rey árabe derribó el reino de Babilonia. (los soldados y yo, la reina, los alcaides)

4

El encuentro

Ramón Luis Acevedo

Ramón Luis Acevedo was born in Puerto Rico. He is a professor of Spanish American and Puerto Rican Literature in the department of Hispanic Studies in the University of Puerto Rico at Río Piedras. Additionally, he has served as chair of the department, as well as the chair of the Center for Puerto Rican and Caribbean Advanced Studies in San Juan, where he has taught graduate courses. Acevedo served as a Visiting Professor at the University of San Carlos in Guatemala and lectured on Spanish American Literature in a variety of universities around Europe, the United States, and Latin America. He has published numerous articles in prestigious journals from Puerto Rico and abroad and is currently in charge of the magazine *Revista de Estudios Hispánicos*. Among his many books are: *Augusto D'Halmar: novelista* (1976); *La novela centroamericana* (1982); *Del silencio al estallido: narrativa femenina puertorriqueña* (1991); *Los senderos del volcán: narrativa centroamericana contemporánea* (1991), and *Cuba y Puerto Rico son: cuentos boricuas* (1998). Acevedo is also the author of *No mires ahora... y otros cuentos* (1997), a fictional book in which the short story *"El encuentro"* is included.

Antes de leer

Vocabulario

Sustantivos

la librería   *bookstore*
el temor   *fear*
el/la empleado(a)   *employee*
la humedad   *humidity*
el edificio   *building*
el techo   *roof*
la ametralladora   *machine gun*
la multitud   *crowd*
el vuelo   *flight*
el miedo   *fear*
la esquina   *corner*
la torpeza   *clumsiness*
la gentileza   *kindness*
la billetera   *wallet*
el desconcierto   *confusion*
la desilusión   *disappointment*
el rostro   *face*
el tambor   *drum*
la nube   *cloud*
el humo   *smoke*

Verbos

huir   *to run away from, flee*
ojear   *to have a look at*
concentrarse   *to concentrate*
adelantarse   *to go ahead*
darse cuenta   *to realize*
notar   *to notice*

agradecer   *to thank for, be grateful*
sentirse   *to feel*
esquivar   *to avoid, dodge*
fijarse   *to pay attention*
interrumpir   *to interrupt*

Adjetivos

brillante   *shining*
juguetón(a)   *playful*
vago(a)   *slight, vague*
cotidiano(a)   *daily*
cortés   *polite*
extraviado(a)   *lost*
dulce   *sweet*
pálido(a)   *pale*
desteñido(a)   *discolored*
protegido(a)   *protected*
directo(a)   *direct*
pesado(a)   *heavy*
avergonzado(a)   *ashamed*
sordo(a)   *dull*
fuerte   *strong*
angustiado(a)   *distressed*
leve   *light, gentle*
temeroso(a)   *fearful, timid*

Expresiones

dar a entender   *to make clear*
una sonrisa a flor de labios   *always smiling*

A. Match these synonyms.

1.	esquivar	a.	cara
2.	juguetón	b.	gratificar
3.	angustiado	c.	desengaño
4.	interrumpir	d.	inspeccionar
5.	ojear	e.	ruborizado
6.	rostro	f.	travieso
7.	agradecer	g.	evitar
8.	cortés	h.	agobiado
9.	desilusión	i.	educado
10.	avergonzado	j.	cortar

B. From the following word bank find the antonym for each of these words.

vago	**cotidiano**	**agradecer**	**fuerte**	**pesado**
huir	**temeroso**	**concentrarse**	**dulce**	**leve**

1.	permanecer	6.	liviano
2.	distraerse	7.	desagradecer
3.	pesado	8.	valiente
4.	débil	9.	inhabitual
5.	concreto	10.	amargo

C. In the text of the story find Spanish equivalents for the following words.

1.	severo	9.	lograr
2.	foráneo	10.	intranquilo
3.	confortable	11.	flaco
4.	rastrear	12.	corto
5.	turbación	13.	breve
6.	caos	14.	charlar
7.	exento	15.	continuar
8.	apenado	16.	anuncio

D. Temas de orientación

1. ¿Le gusta ir a las librerías y ojear libros? ¿Qué tipo de libros le gusta leer?

2. Cuando quiere comprar un libro, ¿prefiere hacerlo en una librería pequeña o una de las grandes cadenas donde puede encontrar libros de todo tipo? ¿Por qué?

3. ¿Ha estado en alguna situación en la que toda la gente le mirara? ¿Qué pasó? Explique.

4. ¿Recuerda alguna ocasión en que recibió ayuda de un extraño? ¿Qué ocurrió?

5. Cuando va de compras, ¿prefiere que los empleados le ofrezcan ayuda o le gusta comprar sólo, sin que le interrumpan? Explique su respuesta.

El encuentro

Cuando entró en la librería, casi huyendo de los uniformes verde olivo y el negro brillante de los rifles, lo envolvió la música juguetona y triste de una marimba[1]. Se sintió cómodo y comenzó a ojear los lomos de los libros[2] buscando los títulos que traía anotados. Todas las miradas
5   se concentraron rápidamente en él y percibió en el aire un vago temor. Sentía que su presencia rompía las expectativas cotidianas. Una empleada se adelantó para preguntarle cortésmente qué libro buscaba. Tan pronto comenzó a explicarle, su acento antillano[3] le confirmó a todos que se trataba de un extranjero voluntariamente extraviado por
10 aquellas calles de la ciudad. Se había equivocado de librería[4]. Aquella se dedicaba a la venta de textos escolares[5], pero podían indicarle con mucho gusto dónde conseguir lo que buscaba. Había otra especializada en literatura e historia a una cuadra del Palacio Nacional.

Se dio cuenta de que la muchacha que estaba a su lado había notado
15 su confusión, a pesar de sus afirmaciones con la cabeza y el "umjú"[6] puertorriqueño que quería dar a entender que se había orientado bien a

---

[1] **marimba**   a percussive instrument usually consisting of wooden keys struck with a mallet, common to Central America and Western Africa

[2] **los lomos de los libros**   spines of the books

[3] **antillano**   West Indian

[4] **Se había equivocado de librería.**   He had gone to the wrong bookstore.

[5] **textos escolares**   textbooks

[6] **umjú**   interjection used in Puerto Rico to express affirmation or to agree

través de aquel laberinto de números de calles y avenidas, *doble a la izquierda por la sexta calle, luego camine dos cuadras y vire a la derecha, una cuadra más y a la izquierda, camine recto y allí verá la librería que busca.*   20

—No tenga pena[7]. Yo lo puedo llevar... si usted quiere.... Voy en esa dirección.

La miró de nuevo con más detenimiento[8] y vio que aquella voz dulce y triste correspondía a la sonrisa tímida, la tez[9] morena y los colores pálidos de su vestido.   25

—Muchas gracias. Se lo agradecería mucho.

Salieron a la calle donde la humedad y el color desteñido de los edificios contrastaban con los brillantes y abigarrados colores[10] de los rótulos comerciales[11]. Notó que sobre el techo de un edificio de dos plantas, justo al frente, se parapetaban[12], tras varios sacos de arena[13], una ametralladora y tres soldados uniformados de verde olivo. Sin embargo, se   30
sentía seguro[14], protegido, absurdamente libre de aprehensiones al lado de aquella muchachita delgada y bajita que lo orientaba entre la multitud. Paradójicamente, también sentía inexplicables deseos de protegerla.

Ella caminaba con paso breve y nervioso. Le hablaba siempre con   35
una sonrisa tímida a flor de labios, esquivando la mirada. Él se sentía alegre, rodeado de una atmósfera cálida, a pesar de los rostros serios y preocupados que desfilaban a su alrededor.

—¿Y usted de dónde es?

—De Puerto Rico.   40

—¿Y está muy lejos su país? ¿Tuvo que tomar un avión para venir?

—Bueno, no queda tan lejos. Son sólo cuatro horas de vuelo, aunque pasé casi todo el día de ayer viajando porque no hay vuelos directos[15].   45

—Entonces es muy lejos. ¿Y no le da un poco de miedo estar tan lejos de su tierra? Fíjese que yo me sentiría muy temerosa fuera de aquí. No me sentiría segura y estaría triste.

Interrumpieron brevemente la conversación para cruzar la calle. En la otra esquina tres uniformes oscuros manchaban el tenue rosado[16]   50

---

[7] **No tenga pena.** Don't worry (Latin America).
[8] **con más detenimiento** more carefully
[9] **tez** skin, complexion
[10] **abigarrados colores** multicolored, of mixed colors

[11] **los rótulos comerciales** billboards, signs
[12] **se parapetaban** they were taking shelter
[13] **sacos de arena** sandbags
[14] **se sentía seguro** felt secure
[15] **vuelos directos** nonstop flights
[16] **el tenue rosado** faint pink color

de un edificio muy pesado en el cual apenas se distinguía una pequeña ventana enrejada[17].

—¿Usted nunca ha salido de su país?

55 —No. Ni pensarlo. Aunque tuviera dinero y no lo tengo. Y usted, ¿sólo ha venido a ver y a comprar libros?

—Puede decirse que sí.

—¿Y le ha gustado mi país? Es muy bonito, ¿verdad?

—Sí, es hermoso... fascinante... y un poco extraño...

60 —Mire, pues. Ya casi llegamos a la librería. Allí seguramente podrá conseguir todo lo que busca. Es un local muy grande. Está en aquella esquina. Desde aquí se ve el rótulo. Perdone que no lo lleve hasta allá, pero yo tengo que seguir por este lado.

—No se preocupe. Ya sé dónde es. Muchísimas gracias por su 65 gentileza.

Cometió la torpeza —gesto de turista insensible— de sacar la billetera que tenía guardada en el bolsillo del frente. Notó la fugaz expresión de desconcierto y desilusión que pasó por el rostro de la muchacha y se detuvo avergonzado.

70 —No, por favor... No es nada... No tenga pena... Para mí fue un gusto acompañarlo y platicar con usted. Espero que disfrute mucho de su estadía[18].

Ella le regaló una última sonrisa, esta vez sin esquivar la mirada. Entonces sonó como un golpe sordo[19] de tambor. Giró instintiva-75 mente hacia la derecha y vio una pequeña nube de humo que comenzaba a expandirse. Escuchó un tableteo[20] seco y casi simultáneamente un fuerte tirón[21] en su brazo izquierdo. Sin pensarlo, sacudió el brazo y giró la cabeza. Todavía alcanzó a ver el rostro angustiado, fijos sobre los suyos los ojos de la muchacha que ya había entrado a la cafetería y 80 lo urgía con la mano a que acabara de entrar. Lo último que sintió fue un leve zumbido[22] en la cabeza y una hincada[23] muy aguda sobre la oreja derecha...

---

[17] **ventana enrejada** a window with bars
[18] **Espero que disfrute mucho de su estadía.** I hope you have a wonderful stay.
[19] **un golpe sordo** a dull blow
[20] **tableteo** a rumbling noise

[21] **un fuerte tirón** a hard pull
[22] **zumbido** a humming noise
[23] **una hincada** a very strong pain, as if someone nailed him with a knife

Después de leer

A. Comprensión inmediata Indicate whether the following statements are true or false, according to the story. If a statement is false, explain why and give the correct answer.

1. El protagonista de la historia iba vestido con un uniforme de color verde olivo.

2. En la librería se oía una música melancólica de marimba.

3. Nadie se atrevía a mirarle para no hacerle sentir incómodo.

4. La empleada se acercó para ayudarle a buscar los libros.

5. Por su acento, estaba claro que era un extranjero.

6. La librería donde estaba el antillano se especializaba en literatura e historia.

7. La joven no podía ayudarle porque tenía prisa.

8. Encima del edificio había soldados con armas.

9. El hombre extranjero había viajado en un vuelo directo.

10. El hombre quiso agradecer la amabilidad de la chica ofreciéndole dinero.

B. Cuestionario

1. ¿Cómo se sintió el protagonista de la historia al entrar en la librería?

2. ¿Qué hicieron los clientes de la librería nada más verle?

3. ¿Por qué supo la empleada que él era extranjero?

4. ¿En qué tipo de librería estaban? ¿Qué clase de libros buscaba el hombre?

5. ¿Por qué motivo le ofreció ayuda una joven?

6. ¿Qué vio el hombre en el techo de un edificio?

7. ¿Por qué se sentía seguro el hombre?

8. ¿Cómo era la joven que le ofreció ayuda?

9. ¿Cuánto tiempo le llevó al hombre viajar desde Puerto Rico?

10. ¿Por qué motivo ha viajado el hombre a este país?
11. ¿Estaba la joven interesada en viajar al extranjero?
12. ¿Qué intentó hacer el hombre para agradecer la ayuda de la chica?
13. ¿Por qué parecía el protagonista diferente a la gente de la librería? ¿Por qué dice el narrador: «su presencia rompía las expectativas»?
14. ¿Cómo explica Ud. el final del cuento?

C. Discusión y opiniones

1. ¿Cree que se trata bien a las personas con acentos diferentes? ¿Hay acentos que tengan una mejor aceptación entre la gente? Explique.
2. ¿Existen estereotipos? De varios ejemplos de estereotipos que conozca.
3. ¿Se ha encontrado alguna vez con alguien extranjero que necesitara ayuda? Describa la situación.
4. ¿Por qué cree que la gente tiene miedo de las personas que son diferentes? ¿Qué es lo que temen?

D. Repaso gramatical (ser/estar) Complete the sentences with either **ser** or **estar** in the infinitive, present, or imperfect of indicative.

1. El extranjero _____ antillano, como confirmaba su acento.
2. Los libros de literatura e historia _____ en una librería especializada.
3. La muchacha que _____ a su lado quería ayudarle.
4. La voz de la joven _____ dulce y triste.
5. A la joven le daba miedo _____ lejos de su tierra.
6. La librería que el hombre buscaba _____ en una esquina.
7. La joven _____ desconcertada y desilusionada por la reacción del hombre.

8. Para el extranjero, el país de la joven _____ hermoso y fascinante.

9. _____ obvio que el hombre _____ avergonzado.

10. Cuando ella le miró, su rostro _____ angustiado.

5

El huésped

Amparo Dávila

Amparo Dávila (1928–), one of the most important women writers in Mexico today, began to write poetry when she was eight years
old. Three collections of her poems were published in the early 1950s,
but she soon turned to the short story, which has become the primary
genre of her mature years.

Dávila's critics classify her stories as psychological and imagina-
tive, often dealing with individuals in conflict with their own fears.
Perhaps this dimension of her creation stems in part from the poor
health and loneliness she endured during her childhood in Pinos, a
provincial town of central Mexico, which she describes as "a frigid old
mining town of Zacatecas with a past of gold and silver and a present
of ruin and desolation."

Although Dávila's stories depend little on local color or geo-
graphical setting, occasional glimpses of provincial backwardness
do appear, such as the use of oil lamps and the remote location of
the woman's town in the story appearing in this anthology, "*El
huésped*." This tale comes from Dávila's first published collection
of short stories, *Tiempo destrozado* (1959). Since that time, she has
added two more collections, *Música concreta* (1964) and *Árboles
petrificados* (1977). The latter was awarded the Villaurrutia Prize
for the short story in Mexico in 1977. It continues her emphasis on
psychological themes that open the door to a mixing of fantasy with
real-life experience.

In the selection at hand, Dávila cleverly blends these three elements in a tale told by an unhappy housewife whose humdrum routine is turned into frenzied anguish by the presence of a guest, *el
huésped*, introduced into the household by her distant and unfeeling
husband.

Antes de leer

Vocabulario

Sustantivos

la desdicha   *misfortune*
la desconfianza   *mistrust*
el pavor   *terror*
el/la huérfano(a)   *orphan*
la madrugada   *dawn*
la estufa   *stove*
la pieza   *room, piece (of jewelry, furniture)*
el corredor   *hall*
la casona   *big house*
el afecto   *love, affection*
el/la pequeño(a)   *small child*

Verbos

descubrir   *to discover*
reprimir   *to repress*

desaparecer   *to disappear*
agotarse   *to become exhausted*

Adjetivos

inofensivo(a)   *harmless*
inconveniente   *inconvenient*
desocupado(a)   *unoccupied*
intranquilo(a)   *restless*
penetrante   *penetrating*
distante   *distant*
lúgubre   *gloomy*
húmedo(a)   *humid*

Adverbios

desafortunadamente   *unfortunately*
mientras   *while*

A. Find the antonym imbedded in each of the following words, as in the model.

Modelo: desaparece → aparece

1. desdicha
2. desconfianza
3. inofensivo
4. inconveniente
5. desocupado
6. descubrir
7. desafortunadamente
8. intranquilo

B. Choose the person from the following list that best fits each sentence below: *la esposa, el marido, la sirvienta, los niños, el huésped.*

1. Arreglaba la casa y salía a comprar el mandado.
2. Es completamente inofensivo. Te acostumbrarás a su compañía.
3. Llegaba bien tarde. Que tenía mucho trabajo, dijo. Creo que otras cosas también lo entretenían.
4. Dormían tranquilamente.

5. Era la encargada de llevarle la bandeja.
6. Pensé entonces en huir de aquella casa, de mi marido, de él.

C. Making necessary changes, find appropriate words in the vocabulary list to complete the following sentences.

1. Ella no pudo _____ un grito de horror.
2. El cuarto del huésped era una _____ grande y húmeda.
3. La sirvienta también sentía _____ del huésped.
4. Los niños buscaban gusanos _____ la mujer regaba las plantas.
5. A veces la sombra del huésped se proyectaba sobre la _____ en la cocina.
6. El huésped tenía la mirada fija y _____.
7. La mujer se sentía tan sola como un _____.

D. Temas de orientación

1. En el matrimonio, ¿cuáles son los elementos más importantes para crear una relación sana y duradera?
2. A pesar de no existir el afecto y la comunicación en un matrimonio fracasado, ¿por qué cree Ud. que no se separa—en muchas ocasiones—la mujer de su marido?
3. ¿Por qué es más común tener empleados domésticos en Latinoamérica que en los Estados Unidos?
4. Cuando hay empleados domésticos que viven en la casa, ¿qué clase de relación puede existir entre ellos y la familia?

El huésped

Nunca olvidaré el día en que vino a vivir con nosotros. Mi marido lo trajo al regreso de un viaje.

Llevábamos entonces cerca de tres años de matrimonio[1], teníamos dos niños y yo no era feliz. Representaba para mi marido algo así como un mueble[2], que se acostumbra uno a ver en determinado sitio, pero

---

[1] **llevábamos entonces cerca de tres años de matrimonio**   we had been married for about three years

[2] **algo así como un mueble**   something like a piece of furniture

que no causa la menor impresión. Vivíamos en un pueblo pequeño, incomunicado y distante de la ciudad. Un pueblo casi muerto o a punto de desaparecer.

No pude reprimir un grito de horror, cuando lo vi por primera vez. Era lúgubre, siniestro. Con grandes ojos amarillentos, casi redon- 10 dos y sin parpadeo, que parecían penetrar a través de las cosas y de las personas.

Mi vida desdichada se convirtió en un infierno. La misma noche de su llegada supliqué a mi marido que no me condenara a la tortura de su compañía. No podía resistirlo; me inspiraba desconfianza y horror. 15 «Es completamente inofensivo» —dijo mi marido mirándome con marcada indiferencia. «Te acostumbrarás a su compañía y, si no lo consigues...³» No hubo manera de convencerlo de que se lo llevara. Se quedó en nuestra casa.

No fui la única en sufrir con su presencia. Todos los de la casa⁴— 20 mis niños, la mujer que me ayudaba en los quehaceres, su hijito— sentíamos pavor de él. Sólo mi marido gozaba teniéndolo allí.

Desde el primer día mi marido le asignó el cuarto de la esquina. Era ésta una pieza grande, pero húmeda y oscura. Por esos inconve- nientes yo nunca la ocupaba. Sin embargo él pareció sentirse contento 25 con la habitación. Como era bastante oscura, se acomodaba a sus necesidades⁵. Dormía hasta el oscurecer y nunca supe a qué hora se acostaba.

Perdí la poca paz de que gozaba en la casona. Durante el día, todo marchaba con aparente normalidad, yo me levantaba siempre muy 30 temprano, vestía a los niños que ya estaban despiertos, les daba el desayuno y los entretenía mientras Guadalupe arreglaba la casa y salía a comprar el mandado.

La casa era muy grande, con un jardín en el centro y los cuartos distribuidos a su alrededor. Entre las piezas y el jardín había corre- 35 dores que protegían las habitaciones del rigor de las lluvias y del viento que eran frecuentes. Tener arreglada una casa tan grande y cuidado el jardín, mi diaria ocupación de la mañana, era tarea dura. Pero yo amaba mi jardín. Los corredores estaban cubiertos por enredaderas que floreaban casi todo el año. Recuerdo cuánto me 40 gustaba, por las tardes, sentarme en uno de aquellos corredores a coser la ropa de los niños, entre el perfume de las madreselvas y de las

---

³ **y, si no lo consigues**   and if you can't manage

⁴ **todos los de la casa**   all the members of the household

⁵ **se acomodaba a sus necesidades**   it suited his needs

bugambilias. En el jardín cultivaba crisantemos, pensamientos, viole-
tas de los Alpes, begonias y heliotropos. Mientras yo regaba las plan-
45   tas, los niños se entretenían buscando gusanos entre las hojas. A veces
pasaban horas, callados y muy atentos, tratando de coger las gotas de
agua que se escapaban de la vieja manguera.

Yo no podía dejar de mirar, de vez en cuando[6], hacia el cuarto de
la esquina. Aunque pasaba todo el día durmiendo no podía confiarme.
50   Hubo veces que, cuando estaba preparando la comida, veía de pronto
su sombra proyectándose sobre la estufa de leña. Lo sentía detrás de
mí... yo arrojaba al suelo lo que tenía en las manos y salía de la cocina
corriendo y gritando como una loca. El volvía nuevamente a su cuarto,
como si nada hubiera pasado[7].

55   Creo que ignoraba por completo a Guadalupe, nunca se acercaba
a ella ni la perseguía. No así a los niños y a mí. A ellos los odiaba y a
mí me acechaba siempre.

Cuando salía de su cuarto comenzaba la más terrible pesadilla
que alguien pueda vivir. Se situaba siempre en un pequeño cenador,
60   enfrente de la puerta de mi cuarto. Yo no salía más. Algunas veces,
pensando que aún dormía, yo iba hacia la cocina por la merienda de
los niños, de pronto lo descubría en algún oscuro rincón del corredor,
bajo las enredaderas. «¡Allí está ya, Guadalupe!» gritaba desesperada.

Guadalupe y yo nunca lo nombrábamos, nos parecía que al ha-
65   cerlo cobraba realidad aquel ser tenebroso[8]. Siempre decíamos: —allí
está, ya salió, está durmiendo, él, él, él...

Solamente hacía dos comidas[9], una cuando se levantaba al
anochecer y otra, tal vez, en la madrugada antes de acostarse.
Guadalupe era la encargada de llevarle la bandeja, puedo asegurar que
70   la arrojaba dentro del cuarto pues la pobre mujer sufría el mismo terror
que yo. Toda su alimentación se reducía a carne, no probaba nada más.

Cuando los niños se dormían, Guadalupe me llevaba la cena al
cuarto. Yo no podía dejarlos solos, sabiendo que se había levantado o
estaba por hacerlo[10]. Una vez terminadas sus tareas[11], Guadalupe se iba
75   con su pequeño a dormir y yo me quedaba sola, contemplando el sueño

---

[6] **yo no podía dejar de mirar, de vez en cuando**   I couldn't stop looking, from time to time

[7] **como si nada hubiera pasado**   as if nothing had happened

[8] **Guadalupe y yo nunca lo nombrábamos, nos parecía que al hacerlo cobraba realidad aquel ser tenebroso.**   Guadalupe and I never called him by name, it seemed to us that doing so increased the presence of that sinister being.

[9] **solamente hacía dos comidas**   he only ate twice a day

[10] **estaba por hacerlo**   was about to do so

[11] **una vez terminadas sus tareas**   once her chores were done

de mis hijos. Como la puerta de mi cuarto quedaba siempre abierta, no me atrevía a acostarme, temiendo que en cualquier momento pudiera entrar y atacarnos. Y no era posible cerrarla; mi marido llegaba siempre tarde y al no encontrarla abierta habría pensado... Y llegaba bien tarde[12]. Que tenía mucho trabajo, dijo alguna vez. Pienso que otras   80 cosas también lo entretenían...

    Una noche estuve despierta hasta cerca de las dos de la mañana, oyéndolo afuera... Cuando desperté, lo vi junto a mi cama, mirándome con su mirada fija, penetrante... Salté de la cama y le arrojé la lámpara de gasolina que dejaba encendida toda la noche. No había luz eléctrica   85 en aquel pueblo y no hubiera soportado quedarme a oscuras[13], sabiendo que en cualquier momento... Él se libró del golpe y salió de la pieza. La lámpara se estrelló en el piso de ladrillo y la gasolina se inflamó rápidamente. De no haber sido por Guadalupe[14] que acudió a mis gritos, habría ardido toda la casa.   90

    Mi marido no tenía tiempo para escucharme ni le importaba lo que sucediera en la casa. Sólo hablábamos lo indispensable. Entre nosotros, desde hacía tiempo el afecto y las palabras se habían agotado.

    Vuelvo a sentirme enferma cuando recuerdo...[15] Guadalupe había salido a la compra[16] y dejó al pequeño Martín dormido en un cajón   95 donde lo acostaba durante el día. Fui a verlo varias veces, dormía tranquilo. Era cerca del mediodía. Estaba peinando a mis niños cuando oí el llanto del pequeño mezclado con extraños gritos. Cuando llegué al cuarto lo encontré golpeando cruelmente al niño. Aún no sabría explicar cómo le quité al pequeño y cómo me lancé contra él con una   100 tranca que encontré a la mano[17], y lo ataqué con toda la furia contenida por tanto tiempo. No sé si llegué a causarle mucho daño, pues caí sin sentido[18]. Cuando Guadalupe volvió del mandado, me encontró desmayada y a su pequeño lleno de golpes y de araños que sangraban. El dolor y el coraje que sintió fueron terribles. Afortunadamente el niño   105 no murió y se recuperó pronto.

    Temí que Guadalupe se fuera y me dejara sola. Si no lo hizo, fue porque era una mujer noble y valiente que sentía gran afecto por los niños y por mí. Pero ese día nació en ella un odio que clamaba venganza.

---

[12] **bien tarde**   very late

[13] **quedarme a oscuras**   remaining in the dark

[14] **de no haber sido por Guadalupe**   had it not been for Guadalupe

[15] **vuelvo a sentirme enferma cuando recuerdo**   I feel sick again when I remember

[16] **Guadalupe había salido a la compra** Guadalupe had gone shopping

[17] **a la mano**   at hand

[18] **pues caí sin sentido**   for I fell unconscious

110   Cuando conté lo que había pasado a mi marido, le exigí que se lo llevara, alegando que podía matar a nuestros niños como trató de hacerlo con el pequeño Martín. «Cada día estás más histérica, es realmente doloroso y deprimente contemplarte así...[19] te he explicado mil veces que es un ser inofensivo».

115   Pensé entonces en huir de aquella casa, de mi marido, de él... Pero no tenía dinero y los medios de comunicación eran difíciles. Sin amigos ni parientes a quienes recurrir, me sentía tan sola como un huérfano[20].

     Mis niños estaban atemorizados, ya no querían jugar en el jardín
120 y no se separaban de mi lado[21]. Cuando Guadalupe salía al mercado, me encerraba con ellos en mi cuarto.

     —Esta situación no puede continuar —le dije un día a Guadalupe.

     —Tendremos que hacer algo y pronto —me contestó.

125   —¿Pero qué podemos hacer las dos solas?

     —Solas, es verdad, pero con un odio...

     Sus ojos tenían un brillo extraño. Sentí miedo y alegría.

     La oportunidad llegó cuando menos la esperábamos. Mi marido partió para la ciudad a arreglar unos negocios. Tardaría en regresar,
130 según me dijo, unos veinte días.

     No sé si él se enteró de que mi marido se había marchado, pero ese día despertó antes de lo acostumbrado[22] y se situó frente a mi cuarto. Guadalupe y su niño durmieron en mi cuarto y por primera vez pude cerrar la puerta. Guadalupe y yo pasamos casi toda la noche haciendo
135 planes. Los niños dormían tranquilamente. De cuando en cuando[23] oíamos que llegaba hasta la puerta del cuarto y la golpeaba con furia...

     Al día siguiente dimos de desayunar a los tres niños[24] y, para estar tranquilas y que no nos estorbaran en nuestros planes, los encerramos en mi cuarto. Guadalupe y yo teníamos muchas cosas por hacer y tanta
140 prisa en realizarlas que no podíamos perder tiempo ni en comer.

     Guadalupe cortó varias tablas, grandes y resistentes, mientras yo buscaba martillo y clavos. Cuando todo estuvo listo, llegamos sin hacer ruido hasta el cuarto de la esquina, las hojas de la puerta estaban entornadas. Conteniendo la respiración, bajamos los pasadores,

---

[19] **es realmente doloroso y deprimente contemplarte así** it's really painful and depressing to see you like this

[20] **tan sola como un huérfano** as alone as an orphan

[21] **no se separaban de mi lado** they wouldn't leave my side

[22] **antes de lo acostumbrado** earlier than usual

[23] **de cuando en cuando** from time to time

[24] **dimos de desayunar a los tres niños** we gave the three children breakfast

después cerramos la puerta con llave[25] y comenzamos a clavar las   145
tablas hasta clausurarla totalmente. Mientras trabajábamos, gruesas
gotas de sudor nos corrían por la frente. No hizo entonces ruido,
parecía que estaba durmiendo profundamente. Cuando todo estuvo
terminado, Guadalupe y yo nos abrazamos llorando.

Los días que siguieron fueron espantosos. Vivió muchos días sin   150
aire, sin luz, sin alimento... Al principio golpeaba la puerta, tirándose
contra ella, gritaba desesperado, arañaba... Ni Guadalupe ni yo podíamos
comer ni dormir, ¡eran terribles los gritos...! A veces pensábamos que mi
marido regresaría antes de que hubiera muerto. ¡Si lo encontrara así...! Su
resistencia fue mucha, creo que vivió cerca de dos semanas...   155

Un día ya no se oyó ningún ruido. Ni un lamento... Sin embargo,
esperamos dos días más, antes de abrir el cuarto.

Cuando mi marido regresó, lo recibimos con la noticia de su
muerte repentina y desconcertante.

Después de leer

A. **Comprensión inmediata** Read the following incomplete statements. Then select the answer that best fits the story.

1. La mujer vivía _____.

    a. le arrojó una lámpara de gasolina al huésped

2. La casa donde vivía la mujer _____.

    b. cuidando su jardín

3. El esposo _____.

    c. era indiferente a las necesidades de su mujer

4. El esposo le asignó al huésped _____.

    d. era muy grande y con un jardín en el centro

5. A la mujer le gustaba pasar algún tiempo _____.

    e. la criada

6. A veces el huésped _____.

    f. encerraron al huésped en su cuarto y lo dejaron morir de hambre

7. La mujer _____.

    g. sentía pavor y odio hacia el huésped

---

[25] **cerramos la puerta con llave**   we
locked the door

8. Una noche la mujer _____.

h. con su familia, su criada y el hijo de la criada

9. Guadalupe era _____.

i. dejaba su cuarto e iba detrás de la mujer

10. Un día Guadalupe y la mujer _____.

j. un cuarto grande, húmedo y oscuro

B. Cuestionario

1. ¿Cuándo trajo el esposo al huésped a la casa?
2. ¿Por qué no era feliz la mujer?
3. ¿Cómo era el pueblo en que vivían la mujer y su familia?
4. ¿Cómo era el huésped?
5. ¿Cómo era el cuarto del huésped?
6. ¿Cuál era la tarea diaria de la mujer?
7. ¿A quién ignoraba el huésped?
8. ¿Cómo reaccionaba la mujer cuando veía al huésped detrás de ella en la cocina?
9. ¿Por qué no podía la mujer cerrar la puerta de noche?
10. ¿Dónde estaba el huésped cuando la mujer le arrojó la lámpara?
11. ¿A quién atacó el huésped cuando Guadalupe salió a hacer la compra?
12. ¿Cómo se libraron del huésped Guadalupe y la mujer?

C. Discusión y opiniones

1. Según las descripciones que da la mujer del huésped, ¿qué clase de criatura era?
2. En su opinión, ¿por qué trajo el marido al huésped?
3. ¿Qué le indica este cuento acerca de la condición de la mujer en el mundo hispano rural?
4. Si Ud. fuera la esposa de este cuento, ¿cómo reaccionaría ante la conducta su esposo?
5. Describa Ud. el desarrollo emocional de la mujer con relación al huésped y al marido.

D. Repaso gramatical (verbos irregulares del pretérito) Rewrite these sentences three times, substituting the new subjects in parentheses. Make sure the underlined verb agrees with the new subject and stays in the preterit tense.

1. Él lo <u>trajo</u> al regreso de un viaje. (tú, yo, Uds.)

2. No <u>pude</u> reprimir un grito de horror. (tú y yo, él, tú)

3. Nunca <u>supe</u> a qué hora se acostaba. (Ud., los niños, ella)

4. Él no <u>hizo</u> ruido. (tú, yo, Guadalupe y tú)

5. <u>Oí</u> el llanto del pequeño. (él, nosotras, ellas)

6. Al día siguiente <u>dimos</u> de desayunar a los niños. (yo, tú, Guadalupe)

7. <u>Fui</u> a verlo varias veces. (Uds., nosotros, él)

6

Continuidad de los parques

Julio Cortázar

Julio Cortázar (1914–1984) was a key figure in the Latin American literary "boom" of the 1960s. His novel *Rayuela* (1963), called *Hopscotch* in English, is probably his best known work because of the impact it had as a model of structural innovation. Although he considered himself to be Argentine and used Spanish as his creative language, Cortázar spent much of his productive life outside of Argentina because of his opposition to President Juan Perón and subsequent military governments. He took up permanent residence in Paris in 1952, where he worked as a translator for UNESCO. At the time of his death from leukemia in 1984, he had written six novels, 82 short stories, and a variety of works in other genres. He became famous for his "collage" books, like *La vuelta al día en ochenta mundos* (1967), which bring together poetry, stories, essays, letters, photographs, and a variety of graphic materials.

As a short story writer, Cortázar's mastery is undisputed. His stories characteristically begin with a more or less routine event, which then becomes a window on a larger reality. In *"Las babas del diablo,"* a story subsequently used for the movie *Blow-Up*, the simple act of snapping a photograph takes on an ominous significance for the photographer. The reader is left to speculate whether it is external reality that threatens or if the threat comes from within the photographer's mind.

Many of Cortázar's stories create the impression that something unique and baffling has just been revealed. Readers are left to question whether they have glimpsed a profound metaphysical secret or have unwittingly been players in the author's intellectual game. *"Continuidad de los parques,"* the story included here, is a favorite and will undoubtedly bring about some of these mixed reactions in many readers.

Antes de leer

Vocabulario

Sustantivos

la izquierda   *left*
el sillón   *easy chair*
la novela   *novel*
el terciopelo   *velvet*
el puñal   *dagger*
el cigarrillo   *cigarette*
el alcance   *reach*
el estudio   *study*
el roble   *oak tree*
la trama   *plot*
el personaje   *character*
el peldaño   *front step
(of a staircase)*
la coartada   *alibi*
la finca   *farm*
el mayordomo   *butler,
caretaker*
el apoderado   *attorney*
la senda   *path*

Adverbios

antes   *before*
lentamente   *slowly*
primero   *first*
en seguida   *immediately*

Verbos

parapetarse   *to protect
oneself*
desgajar   *to break away from*
golpear   *to hit, strike, bang,
pound*
empezar   *to begin*
regresar   *to return, go back,
come back*
rechazar   *to reject, repeal,
repulse*
ganar   *to win, earn*
entrar   *to enter*
subir   *to ascend, go up, climb
up, increase*
latir   *to beat, pulsate*

Adjetivos

primero(a)   *first*
último(a)   *last*
verde   *green*
alfombrado(a)   *carpeted*
arrellanado(a)   *comfortably
seated, stretched out*
receloso(a)   *mistrustful*

A. Match each word with its antonym.

1. rechazar
2. ganar
3. lentamente
4. subir
5. entrar

a. ir
b. perder
c. rápidamente
d. primero
e. después

6. izquierda   f. salir
7. antes   g. terminar
8. regresar   h. aceptar
9. empezar   i. derecha
10. último   j. bajar

B. Match each word with its synonym.

1. finca   a. administrador
2. apoderado   b. sendero
3. mayordomo   c. abogado
4. arrellanado   d. hacienda
5. en seguida   e. inmediatamente
6. desgajar   f. desconfiada
7. recelosa   g. protegerse
8. coartadas   h. despegar
9. senda   i. excusas
10. parapetarse   j. sentado

C. Making any necessary changes, complete the sentences by filling in the blanks with the appropriate words from the vocabulary list.

1. El hombre entró al _____ que miraba hacia el parque de los _____.

2. El hombre se sentó en su _____ favorito para leer una _____.

3. Se dejaba interesar por la _____ y los _____.

4. Había dejado los _____ al _____ de la mano.

5. Otro hombre _____ los tres _____ del porche y entró a la casa.

6. _____ pasó por una sala azul y después subió una escalera _____.

7. Con el _____ en la mano se acercó al sillón de _____ verde.

8. Mientras se acercaba al sillón el corazón le _____ rápido y la sangre le _____ en sus oídos.

D. Temas de orientación

1. ¿Le gusta a Ud. leer para divertirse y descansar?
2. ¿Con qué clase de libros se entretiene Ud. mejor?
3. Si el libro es muy interesante, ¿es posible perderse en él y olvidarse de lo que pasa alrededor?
4. Discuta Ud. el fenómeno de perderse en la lectura.

Continuidad de los parques

Había empezado a leer la novela unos días antes. La abandonó por negocios urgentes, volvió a abrirla cuando regresaba en tren a la finca; se dejaba interesar lentamente por la trama, por el dibujo de los personajes. Esa tarde, después de escribir una carta a su apoderado y discutir con el mayordomo una cuestión de aparcerías[1], volvió al libro en la tranquilidad del estudio que miraba hacia el parque de los robles. Arrellanado en[2] su sillón favorito, de espaldas a la puerta[3] que lo hubiera molestado como una irritante posibilidad de intrusiones, dejó que su mano izquierda acariciara una y otra vez el terciopelo verde y se puso a leer los últimos capítulos. Su memoria retenía sin esfuerzo los nombres y las imágenes de los protagonistas; la ilusión novelesca lo ganó casi en seguida. Gozaba del placer casi perverso de irse desgajando línea a línea de lo que lo rodeaba[4], y sentir a la vez que su cabeza descansaba cómodamente en el terciopelo del alto respaldo, que los cigarrillos seguían al alcance de la mano[5], que más allí de los ventanales danzaba el aire del atardecer bajo los robles. Palabra a palabra, absorbido por la sórdida disyuntiva de los héroes, dejándose ir hacia las imágenes que se concertaban y adquirían color y movimiento, fue testigo del último encuentro en la cabaña del monte. Primero entraba la mujer, recelosa; ahora llegaba el amante, lastimada la cara por el chicotazo de una rama. Admirablemente restañaba

5

10

15

20

---

[1] **una cuestión de aparcerías** a partnership issue
[2] **arrellanado en** comfortably seated in
[3] **de espaldas a la puerta** with his back to the door
[4] **irse desgajando línea a línea de lo que lo rodeaba** allowing himself to break away from his surroundings
[5] **al alcance de la mano** within reach of his hand

ella la sangre con sus besos, pero él rechazaba las caricias, no había
venido para repetir las ceremonias de una pasión secreta, protegida por
un mundo de hojas secas y senderos furtivos. El puñal se entibiaba contra
su pecho, y debajo latía la libertad agazapada[6]. Un diálogo anhelante co-
25 rría por las páginas como un arroyo de serpientes, y se sentía que todo
estaba decidido desde siempre. Hasta esas caricias que enredaban el
cuerpo del amante como queriendo retenerlo y disuadirlo, dibujaban
abominablemente la figura de otro cuerpo que era necesario destruir.
Nada había sido olvidado: coartadas, azares, posibles errores. A partir de
30 esa hora[7] cada instante tenía su empleo minuciosamente atribuido. El
doble repaso despiadado[8] se interrumpía apenas para que una mano
acariciara una mejilla. Empezaba a anochecer.

Sin mirarse ya, atados rígidamente a la tarea que los esperaba, se
separaron en la puerta de la cabaña. Ella debía seguir por la senda que
35 iba al norte. Desde la senda opuesta él se volvió un instante para verla
correr con el pelo suelto. Corrió a su vez, parapetándose en los árboles y
los setos, hasta distinguir en la bruma malva del crepúsculo la alameda
que llevaba a la casa. Los perros no debían ladrar, y no ladraron. El mayordomo no estaría a esa hora, y no estaba. Subió los tres peldaños del
40 porche y entró. Desde la sangre galopando en sus oídos le llegaban las
palabras de la mujer: primero una sala azul, después una galería, una
escalera alfombrada. En lo alto dos puertas[9]. Nadie en la primera
habitación, nadie en la segunda. La puerta del salón, y entonces el puñal
en la mano, la luz de los ventanales, el alto respaldo de un sillón de ter-
45 ciopelo verde, la cabeza del hombre en el sillón leyendo una novela.

Después de leer

A. Comprensión inmediata Indicate whether the following statements are true or false according to the story. If a statement is
false, explain why and give the correct answer.

1. El hombre leía una novela.

2. El hombre leía sentado en una alfombra.

---

[6] **y debajo latía la libertad agazapada**
and beneath it beat his heart in expectation
of liberty
[7] **a partir de esa hora** from that moment on

[8] **el doble repaso despiadado** the
relentless double check
[9] **En lo alto dos puertas.** At the top of the
stairs two doors.

3. El estudio miraba hacia una casa.
4. El sillón era de terciopelo verde.
5. Los cigarrillos estaban al alcance de la mano.
6. El hombre estaba leyendo la novela por la mañana.
7. Al hombre no le interesaba la novela.
8. La mujer entró lastimada a la cabaña.
9. El amante quería tener una escena apasionada con la mujer.
10. Al salir de la cabaña, el amante y la mujer siguieron el mismo camino.

B. Cuestionario

1. ¿Por qué abandonó el hombre la lectura de la novela la primera vez?
2. ¿Qué elementos de la novela le interesaron al hombre?
3. ¿Cómo era el estudio del hombre?
4. ¿Cuántos personajes hay en la novela y quiénes son?
5. ¿Dónde se reunieron estos personajes?
6. ¿Cómo se sentía la mujer cuando entró en la cabaña?
7. ¿Cómo y dónde fue lastimado el amante?
8. ¿Qué traía el amante con él?
9. ¿A dónde fueron el amante y la mujer después del encuentro en la cabaña?
10. Al llegar el amante a la casa, ¿cuál fue el primer cuarto que vio y de qué color era?
11. ¿Dónde está sentada la víctima del amante?

C. Discusión y opiniones

1. Analice Ud. el uso de la técnica de la prefiguración en este cuento, señalando los detalles más destacados que sirven para relacionar el personaje del principio con el hombre del final.
2. ¿Cómo explica Ud. el hecho de que el amante de la mujer se encontrara en la casa del hombre que leía la novela?

3. Después de leer el cuento, ¿cree Ud. que la mención de los negocios con el apoderado y el mayordomo adquiere mayor significado? Explique su respuesta.

4. En su opinión, ¿es este cuento todo un juego intelectual por parte del autor o es posible que Cortázar quisiera decirnos algo respecto al poder del arte?

5. Diga o escriba Ud. de qué manera le ha afectado a lo largo de su vida. la lectura de un cuento o novela.

D. Repaso gramatical (el imperfecto) Rewrite the following sentences, changing the underlined verbs to the imperfect indicative tense.

1. El estudio <u>mira</u> hacia el parque de los robles.

2. Su memoria <u>retiene</u> los nombres de los protagonistas de la , novela.

3. <u>Goza</u> del placer de sentir que su cabeza *descansa* en el alto respaldo.

4. Los cigarrillos <u>siguen</u> al alcance de la mano.

5. El puñal se <u>entibia</u> contra el pecho del amante.

6. <u>Es</u> necesario destruir al otro.

7. Ella <u>debe</u> seguir por la senda que va al norte.

8. Las palabras de la mujer le <u>llegan</u> a los oídos, primero una sala azul...

7

Un día de estos

Gabriel García Márquez

Nobel Prize winner Gabriel García Márquez (1928–) made his living for many years as a journalist, writing fiction on the side, until, as his friend Mario Vargas Llosa tells it, "He... closed himself in his office with large supplies of paper and cigarettes and announced to Mercedes (his wife) that he was going to remain there for about six months..." In reality, this self-imposed exile lasted for 18 months, and out of it came the literary cornerstone of García Márquez's international success (1967). In it the people, events, and tropical climate of his boyhood in the sleepy little town of Aracataca, Colombia, were distilled and refashioned into the genealogy of the Buendía family, whose achievements and failures capture much of the essence of the human condition.

Cien años de soledad is, also, a novel full of startling magical elements, which García Márquez's narrative skill brings to the reader in an understated tone, putting them into perspective as a functioning dimension of his fictional reality. Much of the author's literary fame rests on this talent for amalgamating the unscientific side of life—superstition, legend, and popular belief—with the routine facts of human existence.

Another facet of García Márquez's style reflects a mastery of dialogue and an economy of words that his critics have compared to the technique of Ernest Hemingway. Such stark realism is more characteristic of his earlier fiction—*La mala hora* (1962), *El coronel no tiene quien le escriba* (1958), and portions of *Los funerales de la Mamá Grande* (1962). The latter work, a collection of short stories, is the source of this selection for the anthology, *"Un día de estos."* Notice how the author's matter-of-fact tone and economy of words tend to place the obvious unrest and violence in the town on an everyday, routine footing. Perhaps this is his way of commenting on the deplorable state of Colombian political life during the 1950s.

Antes de leer

Vocabulario

Sustantivos

el/la madrugador(a)   *early riser*

el amanecer   *dawn*

el puñado   *handful (of things)*

las lágrimas   *tears*

Verbos

llevar   *to wear (clothing), take, carry, have been*

pulir   *to polish*

gritar   *to scream, shout, yell*

hervir   *to boil*

Adjetivos

dañado(a)   *damaged, ruined*

sordo(a)   *deaf*

A. Find the words in the vocabulary list that the following sentences best describe.

1. Del agua que estaba sobre el fuego salían muchas burbujas y mucho vapor.

2. El hombre no oye nada de lo que dicen en la conferencia.

3. Juan siempre se levanta a las cinco de la mañana.

4. El niño siempre pide las cosas en voz exageradamente alta cuando no se las dan.

5. La pobre enferma tiene tanto dolor que le caen gotas de líquido de los ojos.

6. No se puede vivir en esta casa. Está parcialmente quemada.

7. A mi amiga siempre le gusta sacar brillo al metal de su casa.

8. El niño iba vestido con ropa nueva.

9. El joven sacó del bolsillo la mano llena de monedas.

10. En el verano, como a las cuatro y media de la mañana, el horizonte se ve de un color rojizo.

B. Match each word with its antonym.

1. dañado   a. que oye
2. gritar   b. se enfriaba
3. sordo   c. bueno
4. hervía   d. murmurar
5. llevaba   e. raspar
6. pulir   f. atardecer
7. amanecer   g. se quitaba

C. Based on the meanings of the following adjectives, write the English equivalents of the related verbs and nouns.

Modelo: tranquilo(a)   tranquilizar   la tranquilidad
     tranquil   <u>*to tranquilize*</u>   <u>*tranquility*</u>

1. pensativo(a)   pensar   el pensamiento
   pensive   _____   _____
2. hinchado(a)   hinchar   la hinchazón
   swollen   _____   _____
3. amargo(a)   amargar   la amargura
   bitter   _____   _____
4. tibio(a)   entibiar   la tibieza
   tepid   _____   _____
5. limpio(a)   limpiar   la limpieza
   clean   _____   _____
6. muerto(a)   morir   la muerte
   dead   _____   _____
7. dolorido(a)   doler   el dolor
   painful   _____   _____
8. polvoriento(a)   empolvar   el polvo
   dusty   _____   _____
9. caliente   calentar   el calor
   hot   _____   _____

D. Temas de orientación

1. ¿De qué palabra se deriva «dentista»?
2. ¿Qué hace el dentista?
3. ¿Le tiene Ud. miedo al dentista? Explique.

4. ¿Hay muchos dentistas en su pueblo?

5. Si Ud. no tiene título de dentista, ¿puede Ud. ejercer la profesión de dentista en los Estados Unidos?

Un día de estos

El lunes amaneció tibio y sin lluvia. Don Aurelio Escovar, dentista sin título[1] y buen madrugador[2], abrió su gabinete a las seis. Sacó de la vidriera una dentadura postiza montada aún en el molde de yeso y puso sobre la mesa un puñado de instrumentos que ordenó de mayor
5 a menor, como en una exposición. Llevaba una camisa a rayas[3], sin cuello, cerrada arriba con un botón dorado, y los pantalones sostenidos con cargadores elásticos. Era rígido, enjuto, con una mirada que raras veces correspondía a la situación, como la mirada de los sordos.

Cuando tuvo las cosas dispuestas sobre la mesa rodó la fresa[4]
10 hacia el sillón de resortes y se sentó a pulir la dentadura postiza. Parecía no pensar en lo que hacía, pero trabajaba con obstinación, pedaleando en la fresa incluso cuando no se servía de ella[5].

Después de las ocho hizo una pausa para mirar el cielo por la ventana y vio dos gallinazos pensativos que se secaban al sol en el caba-
15 llete de la casa vecina. Siguió trabajando con la idea de que antes del almuerzo volvería a llover[6]. La voz destemplada de su hijo de once años lo sacó de su abstracción.

—Papá.

—Qué.

20 —Dice el alcalde que si le sacas una muela.

—Dile que no estoy aquí.

Estaba puliendo un diente de oro. Lo retiró a la distancia del brazo[7] y lo examinó con los ojos a medio cerrar. En la salita de espera volvió a gritar su hijo.

25 —Dice que sí estás porque te está oyendo.

---

[1] **dentista sin título** In little towns in Colombia, where doctors and dentists are badly needed, it is possible to find people with no degree practicing dentistry or medicine. They may have been helpers in pharmacies or dental offices or students who never finished their professional training.

[2] **buen madrugador** early riser

[3] **llevaba una camisa a rayas** he was wearing a striped shirt

[4] **fresa** dentist's drill

[5] **incluso cuando no se servía de ella** even when he wasn't using it

[6] **volvería a llover** it would rain again

[7] **lo retiró a la distancia del brazo** he held it at arm's length

El dentista siguió examinando el diente. Sólo cuando lo puso en la mesa con los trabajos terminados, dijo: —Mejor.

Volvió a operar la fresa. De una cajita de cartón donde guardaba las cosas por hacer, sacó un puente de varias piezas y empezó a pulir el oro.

—Papá.   30

—Qué.

Aún no había cambiado de expresión.

—Dice que si no le sacas la muela te pega un tiro[8].

Sin apresurarse, con un movimiento extremadamente tranquilo, dejó de pedalear en la fresa[9], la retiró del sillón y abrió por completo   35
la gaveta inferior de la mesa. Allí estaba el revólver.

—Bueno —dijo—. Dile que venga a pegármelo[10].

Hizo girar el sillón hasta quedar de frente a la puerta, la mano apoyada en el borde de la gaveta. El alcalde apareció en el umbral. Se había afeitado la mejilla izquierda, pero en la otra, hinchada y   40
dolorida, tenía una barba de cinco días. El dentista vio en sus ojos marchitos muchas noches de desesperación. Cerró la gaveta con la punta de los dedos y dijo suavemente:

—Siéntese.

—Buenos días —dijo el alcalde.   45

—Buenos[11] —dijo el dentista.

Mientras hervían los instrumentales, el alcalde apoyó el cráneo en el cabezal de la silla y se sintió mejor. Respiraba un olor glacial. Era un gabinete pobre: una vieja silla de madera, la fresa de pedal y una vidriera con pomos de loza. Frente a la silla, una ventana con un cancel   50
de tela hasta la altura de un hombre. Cuando sintió que el dentista se acercaba, el alcalde afirmó los talones[12] y abrió la boca.

Don Aurelio Escovar le movió la cara hacia la luz. Después de observar la muela dañada, ajustó la mandíbula con una cautelosa presión de los dedos.   55

—Tiene que ser sin anestesia —dijo.

—¿Por qué?

—Porque tiene un absceso.

El alcalde lo miró en los ojos.

---

[8] **te pega un tiro** he will shoot you
[9] **dejó de pedalear en la fresa** he stopped pedaling the drill
[10] **Dile que venga a pegármelo.** Tell him to come and shoot me.

[11] **buenos (buenos días)** Sometimes the word *días* is omitted.
[12] **afirmó los talones** set his heels

60   —Está bien —dijo, y trató de sonreír. El dentista no le correspondió. Llevó a la mesa de trabajo la cacerola con los instrumentos hervidos y los sacó del agua con unas pinzas frías, todavía sin apresurarse. Después rodó la escupidera con la punta del zapato y fue a lavarse las manos en el aguamanil. Hizo todo sin mirar al alcalde.
65   Pero el alcalde no lo perdió de vista[13].
        Era un cordal inferior. El dentista abrió las piernas y apretó la muela con el gatillo caliente. El alcalde se aferró a las barras de la silla, descargó toda su fuerza en los pies y sintió un vacío helado en los riñones, pero no soltó un suspiro. El dentista sólo movió la muñeca.
65   Sin rencor, más bien con una amarga ternura, dijo:
        —Aquí nos paga veinte muertos[14], teniente.
        El alcalde sintió un crujido de huesos en la mandíbula y sus ojos se llenaron de lágrimas. Pero no suspiró hasta que no sintió salir la muela. Entonces la vio a través de las lágrimas. Le pareció tan
70   extraña a su dolor, que no pudo entender la tortura de sus cinco noches anteriores. Inclinado sobre la escupidera, sudoroso, jadeante, se desabotonó la guerrera y buscó a tientas el pañuelo en el bolsillo del pantalón. El dentista le dio un trapo limpio.
        —Séquese las lágrimas —dijo.
75   El alcalde lo hizo. Estaba temblando. Mientras el dentista se lavaba las manos, vio el cielorraso desfondado y una telaraña polvorienta con huevos de araña e insectos muertos. El dentista regresó secándose las manos. «Acuéstese —dijo— y haga buches de agua de sal[15].» El alcalde se puso de pie, se despidió con un displicente saludo militar, y se dirigió
80   a la puerta estirando las piernas, sin abotonarse la guerrera.
        —Me pasa la cuenta —dijo.
        —¿A usted o al municipio?
        El alcalde no lo miró. Cerró la puerta, y dijo, a través de la red metálica.
85   —Es la misma vaina.[16]

---

[13] **no lo perdió de vista**   he didn't lose sight of him
[14] **aquí nos paga veinte muertos** With this you pay for twenty deaths. The dentist implies that the *alcalde* had shed a lot of innocent blood.

[15] **haga buches de agua de sal**   rinse your mouth out with saltwater
[16] **Es la misma vaina.**   It's the same thing. *Vaina* is a vulgar term used to refer to an object or a situation.

Después de leer

A. Comprensión inmediata Read the following incomplete statements and select the answer that fits best according to the story.

1. El cuento tuvo lugar _____.

   a. durante una tormenta

   b. en un día de fiesta

   c. en un día agradable

   d. durante una reunión familiar

2. Don Aurelio Escovar era _____.

   a. cobarde

   b. un hombre muy tímido y acomplejado

   c. un hombre sumiso

   d. un hombre firme y valiente

3. Don Aurelio _____.

   a. era muy perezoso

   b. no abría su gabinete todos los días

   c. siempre madrugaba para charlar con su secretaria

   d. siempre iba a su oficina temprano para trabajar

4. Cuando su hijo lo llamó, el dentista _____.

   a. estaba mirando la televisión

   b. arreglaba una dentadura postiza

   c. charlaba y tomaba cerveza con sus amigos

   d. arreglaba un sillón de resortes

5. El hijo de don Aurelio _____.

   a. era un hombre casado

   b. era dentista

   c. trabajaba con el alcalde

   d. era un muchachito de pocos años

6.   El alcalde vino al gabinete de don Aurelio _____.

    a.   para sacarse la muela

    b.   para pegarle un tiro

    c.   para asistir a una reunión política

    d.   con el fin de pedirle dinero para el municipio

7.   Si el dentista rehusaba sacarle la muela al alcalde, éste iba a _____.

    a.   fusilar a veinte personas

    b.   cerrar el gabinete

    c.   poner al dentista preso

    d.   pegarle un tiro

8.   El dentista iba a sacar la muela sin anestesia porque _____.

    a.   no tenía anestesia en su oficina

    b.   el alcalde era muy pobre y no podía pagar la anestesia

    c.   los instrumentos no estaban esterilizados

    d.   la muela estaba muy infectada y llena de pus

9.   Mientras el dentista le sacaba la muela, el alcalde _____.

    a.   escuchaba la radio

    b.   experimentaba un dolor agudo en el cuerpo

    c.   lanzaba gritos

    d.   dormía tranquilamente

10. Al salir del gabinete el alcalde le pidió a don Aurelio _____.

    a.   que fuera con él a la alcaldía

    b.   que no le cobrara por el trabajo

    c.   que le pasara la cuenta

    d.   que entregara su revólver

B. Cuestionario

1.   ¿En qué día de la semana ocurre el cuento?

2.   ¿A qué hora abrió su gabinete don Aurelio Escovar?

3.   ¿Cómo era don Aurelio?

4.   ¿Qué llevaba aquel día don Aurelio?

5. ¿Cómo supo don Aurelio de la llegada del alcalde?

6. ¿Por qué fue el alcalde a ver a don Aurelio?

7. ¿Cómo sabemos que don Aurelio no lo quería ver?

8. ¿Con qué amenazó el alcalde a don Aurelio?

9. ¿Le dio miedo la amenaza a don Aurelio?

10. ¿Cómo tenía la cara el alcalde?

11. ¿Por qué era necesario sacar la muela sin anestesia?

12. Al sacar la muela, ¿qué le dijo don Aurelio al alcalde?

13. ¿Cómo reaccionó el alcalde cuando sintió salir la muela?

14. ¿Con qué se secó las lágrimas el alcalde?

15. ¿Qué le aconsejó el dentista al alcalde que hiciera?

16. ¿Qué dijo el alcalde al salir de la oficina del dentista?

C. Discusión y opiniones

1. Al leer el cuento, ¿qué infiere Ud. de la situación política en Colombia? Dé Ud. ejemplos para respaldar su respuesta.

2. El dentista que se menciona en este cuento ejerce su profesión en un pueblito colombiano. Haga Ud. una comparación entre este dentista y un dentista en su ciudad.

3. ¿Qué interpretación daría Ud. a la respuesta del alcalde al final del cuento: «Es la misma vaina»?

D. Repaso gramatical (el imperfecto y el pretérito) Keeping the plot of the story in mind, complete the following paragraph by supplying the imperfect or preterit form of the verbs in parentheses.

El lunes (amanecer) _____ tibio. (Ser) _____ las seis de la mañana cuando don Aurelio (abrir) _____ su gabinete. Él no (tener) _____ título de dentista, sin embargo (ejercer) _____ la profesión de dentista. Don Aurelio (ser) _____ rígido y enjuto. Aquel día él (llevar) _____ una camisa a rayas sin cuello, y (sujetar) _____ sus pantalones con cargadores. Cuando (entrar) _____ a su gabinete, don Aurelio (hacer) _____ varias cosas: (sacar) _____ de la vidriera un puente postizo, (poner) _____ un puñado de instrumentos sobre la mesa, los (ordenar) _____ de mayor a menor, (rodar) _____ una fresa y (sentarse) _____ a pulir la dentadura postiza. Don Aurelio (tener) _____ un hijo. El muchacho (tener) _____ once años. A las ocho de la mañana, mientras el dentista (afilar) _____ el diente postizo, su hijo lo (llamar) _____ y le (decir) _____ que el alcalde (estar) _____ allí. El alcalde (tener) _____ un terrible dolor de muela. El dentista se la (sacar) _____.

8

La gloria de los feos

Rosa Montero

Rosa Montero, a journalist and a writer, was born in 1951 in Madrid. As a child she spent a lot of time at home, instead of going to school, due to being diagnosed with tuberculosis. This was time largely spent reading and writing; and eventually, she began her university studies in Madrid's Facultad de Filosofia y Letras. By 1976, she had begun working for the prestigious and widely-circulated Spanish newspaper *El País*.

She has received many prizes, such as the *Nacional de Periodismo* and the *Que Leer* prizes for her articles and literary reviews. Over the course of her literary career, she has published numerous novels, including *Crónica del desamor (Chronicle of Enmity, 1979), La función Delta (The Delta Function, 1981), Te trataré como una reina (I Will Treat You Like a Queen, 1983) and Temblor (Tremor, 1990).* Her novel *La loca de la casa (The Lunatic of the House)*, considered by many as the most personal and one of her best works, was published in 2003.

Rosa Montero's works demonstrate a life-long interest in feminist issues, as well as a general concern for social justice. They also deal with such issues as the relationship between the individual and society, gender inequality, death, and the fundamental difficulties of human communication. Montero is at her best when portraying, with the clarity and dark humor of a true artist, the day-to-day lives of those who suffer most in society. *Amantes y enemigos (Lovers And Enemies, 1998)* is a collection of short stories in which Montero examines the complexity of human relationships. Included in this work is the short story "La gloria de los feos," which tells of an ugly woman who finds reason to believe that she is beautiful.

Antes de leer

Vocabulario

Sustantivos

la cuna   *cradle*
el/la crío(a)   *kid (familiar)*
el recreo   *break (school)*
el alma   *soul*
la pizarra   *blackboard*
la mansedumbre   *meekness, gentleness*
la rodilla   *knee*
el compás   *pair of compasses*
el torpedo   *torpedo*
la barbilla   *chin*
el esternón   *breastbone*
el estupor   *astonishment*
el corrillo   *small group of people*
la barriada   *neighborhood*
el pez   *fish*
la pecera   *fish tank*
la farola   *streetlight*
el metal   *metal*
el hipo   *hiccup*
el pecho   *chest*
la careta   *mask*
la verbena   *night festival*
ferocidad   *ferocity*
los vaqueros   *pair of jeans*
el tobillo   *ankle*
la mata   *bush*
la gomina   *hair gel*
el cráneo   *skull, cranium*
el adolescente   *adolescent, teenager*
el peso   *weight*

el platillo volante   *flying saucer*
la acera   *sidewalk*
la pechuga   *breast*
el mar   *sea*

Verbos

padecer   *to endure*
mendigar   *to beg*
desternillarse   *to laugh one's head off*
arrimarse   *to move closer*
resignarse a   *to resign oneself to*
fijarse   *to notice*
abrasar   *to scorch*
desatar   *to untie*
soplar   *to blow*
desbaratarse   *ro ruin, wreck*
enterarse   *to find out*
martirizar   *to martyr*
reconocer   *to recognize*
coronar   *to crown*
mantener   *to keep*
teñir   *to dye*
chocar con   *to run into*
mirarse   *to look at each other*
temblar   *to shake*
agitarse   *to become rough (the sea)*

Adjetivos

raro(a)   *odd, strange*
risible   *laughable*

ardiente   *burning*
esférico(a)   *spherical*
desolador(a)   *distressing*
inacabado(a)   *incomplete*
grandón(a)   *big for his/her age*
descomunal   *huge, massive*
vidrioso(a)   *glassy*
patoso(a)   *clumsy*
torpón(a)   *clumsy, awkward*
estrecho(a)   *narrow*
infernal   *infernal*
lloroso(a)   *tearful*
hundido(a)   *sunken*
furioso(a)   *furious*
frágil   *fragile*
tieso(a)   *upright, erect, stiff*
pelirrojo(a)   *redheaded, ginger*
invisible   *invisible*
omnipresente   *omnipresent*
el saltamontes   *grasshopper*
singular   *odd, peculiar*

esmirriado(a)   *scrawny, skinny*
flaco(a)   *skinny*
espeso(a)   *dense, thick*
reseco(a)   *dried up, parched*
crecido(a)   *grown up*
calamitoso(a)   *disastrous*
desnivelado(a)   *uneven*
espantoso(a)   *awful*
anhelante   *eager*

Expresiones

alma en pena   *lost soul*
doblar la esquina   *to go round the corner*
en cuanto a   *regarding, as for*
como palillos   *very skinny*
todo el rato   *all the time*
por cierto   *by the way*
ni siquiera   *not even*
en pie de guerra   *ready to fight, determined (fig.)*

A. From the list above find the antonyms for each of the following words and expressions.

1. común
2. inmovilizar
3. sereno
4. indiferente
5. alejarse
6. amplio
7. arreglar
8. minúsculo
9. gordo
10. disfrutar
11. flexible
12. celestial

B. Choose the word or expression from the list above that best fits the definitions below.

1. camita para niños con unas barandillas laterales
2. superficie sobre la que se escribe con tiza o yeso

3.   pedir dinero, donativo, limosna

4.   parte del cuerpo que forma la unión del muslo con la pierna

5.   baile al aire libre para celebrar una fiesta o feria popular

6.   cambiar el color de una cosa o prenda mediante un producto

7.   flaco, debilucho, con aspecto enfermizo

8.   recipiente de cristal que se llena de agua para mantener vivo a los peces

9.   parte de la calle, pavimentada para el paso de los peatones

10. agitarse con movimiento frecuente e involuntario

C.   Temas de orientación

1.   ¿Cree Ud. que la belleza es importante para triunfar en la vida? Dé dos ejemplos donde el ser bello(a) haga las cosas más fáciles.

2.   ¿Ha conocido a alguien al que la gente considera feo(a)? ¿Por qué cree que esa persona no se ajusta al tipo de belleza común?

3.   ¿Piensa Ud. que la sociedad discrimina contra este tipo de persona? ¿De qué manera? Dé ejemplos.

4.   En su opinión, ¿cuáles son las características más importantes en una persona?

La gloria de los feos

Me fijé en Lupe y Lolo, hace ya muchos años, porque eran, sin lugar a dudas, los *raros* del barrio. Hay niños que desde la cuna son distintos y, lo que es peor, saben y padecen su diferencia. Son esos críos que siempre se caen en los recreos; que andan como almas en
5   pena, de grupo en grupo, mendigando un amigo. Basta con que el profesor los llame a la pizarra para que el resto de la clase se desternille, aunque en realidad no haya en ellos nada risible, más allá de su destino de víctimas y de su mansedumbre en aceptarlo.

Lupe y Lolo eran así: llevaban la estrella negra en la cabeza. Lupe
10 era hija de la vecina del tercero, una señora pechugona[1] y esférica. La niña salió redonda desde chiquitita; era patizamba[2] y, de las rodillas

---

[1] **pechugona**   big-bosomed   [2] **patizamba**   knock-kneed

para abajo, las piernas se le escapaban cada una para un lado como las patas de un compás. No es que fuera gorda: es que estaba mal hecha, con un cuerpo que parecía un torpedo y la barbilla saliéndole directamente del esternón.   15

Pero lo peor, con todo, era algo de dentro; algo desolador e inacabado. Era guapa de cara: tenía los ojos grises y el pelo muy negro, la boca bien formada, la nariz correcta. Pero tenía la mirada cruda, y el rostro borrado por una expresión de perpetuo estupor. De pequeña la veía arrimarse a los corrillos de los otros niños: siempre fue   20 grandona y les sacaba a todos la cabeza[3]. Pero los demás críos parecían ignorar su presencia descomunal, su mirada vidriosa; seguían jugando sin prestarle atención, como si la niña no existiera. Al principio, Lupe corría detrás de ellos, patosa y torpona, intentando ser una más; pero, para cuando llegaba a los lugares, los demás ya se habían   25 ido. Con los años la vi resignarse a su inexistencia. Se pasaba los días recorriendo sola la barriada, siempre al mismo paso y doblando las mismas esquinas, con esa determinación vacía e inútil con que los peces recorren una y otra vez sus estrechas peceras.

En cuanto a Lolo, vivía más lejos de mi casa, en otra calle. Me fijé   30 en él porque un día los otros chicos le dejaron atado a una farola en los jardines de la plaza. Era en el mes de agosto, a las tres de la tarde. Hacía un calor infernal, la farola estaba al sol y el metal abrasaba. Desaté al niño, lloroso y moqueante[4]; me ofrecí a acompañarle a casa y le pregunté que quién le había hecho eso. "No querían hacerlo", contestó   35 entre hipos: "Es que se han olvidado". Y salió corriendo. Era un niño delgadísimo, con el pecho hundido[5] y las piernas como dos palillos[6]. Caminaba inclinado hacia delante, como si siempre soplara frente a él un ventarrón[7] furioso, y era tan frágil que parecía que se iba a desbaratar en cualquier momento. Tenía el pelo tieso y pelirrojo, grandes narizotas,   40 ojos de mucho susto[8]. Un rostro como de careta de verbena, una cara de chiste[9]. Por entonces[10] debía de estar cumpliendo los diez años.

Poco después me enteré de su nombre, porque los demás niños le estaban llamando todo el rato. Así como Lupe era invisible, Lolo parecía ser omnipresente: los otros chicos no paraban de martirizarle,   45

---

[3] **les sacaba a todos la cabeza**   she was taller than her friends
[4] **moqueante**   sniffling
[5] **el pecho hundido**   sunken chest
[6] **las piernas como dos palillos**   very skinny legs
[7] **ventarrón**   gust of wind
[8] **ojos de mucho susto**   bulging eyes
[9] **una cara de chiste**   a funny face
[10] **por entonces**   by that time

como si su aspecto de triste saltamontes despertara en los demás una suerte de ferocidad entomológica[11]. Por cierto, una vez coincidieron en la plaza Lupe y Lolo: pero ni siquiera se miraron. Se repelieron entre sí[12], como apestados[13].

50   Pasaron los años y una tarde, era el primer día de calor de un mes de mayo, vi venir por la calle vacía a una criatura singular: era un esmirriado muchacho de unos quince años con una camiseta de color verde fosforescente. Sus vaqueros, demasiado cortos, dejaban ver unos tobillos picudos y unas canillas flacas; pero lo peor era el pelo, una mata[14]
55   espesa rojiza y reseca, peinada con gomina, a los cincuenta años[15], como una inmensa ensaimada sobre el cráneo. No me costó trabajo[16] reconocerle: era Lolo, aunque un Lolo crecido y transmutado[17] en calamitoso adolescente. Seguía caminando inclinado hacia delante, aunque ahora parecía que era el peso de su pelo, de esa especie de
60   platillo volante que coronaba su cabeza, lo que le mantenía desnivelado.
       Y entonces la vi a ella. A Lupe. Venía por la misma acera, en dirección contraria. También ella había dado el estirón puberal[18] en el pasado invierno. Le había crecido la misma pechuga que a su madre, de tal suerte que, como era cuellicorta[19], parecía llevar la cara en bandeja[20]. Se
65   había teñido su bonito pelo oscuro de un rubio violento, y se lo había cortado corto, así como a lo punky[21]. Estaban los dos, en suma[22], francamente espantosos: habían florecido, conforme a sus destinos, como seres ridículos. Pero se los veía anhelantes y en pie de guerra.
       Lo demás, en fin, sucedió de manera inevitable. Iban ensimismados, y chocaron el uno contra el otro. Se miraron entonces como si se
70   vieran por primera vez, y se enamoraron de inmediato. Fue un 11 de mayo y, aunque ustedes quizá no lo recuerden, cuando los ojos de Lolo y Lupe se encontraron tembló el mundo, los mares se agitaron, los cielos se llenaron de ardientes meteoros. Los feos y los tristes tienen también sus instantes gloriosos.
75

---

[11] **despertara en los demás una suerte de ferocidad entomológica**   aroused in others a fierce dislike of insects.

[12] **se repelieron entre sí**   they repelled each other

[13] **como apestados**   as if infected with the plague

[14] **mata**   mop

[15] **peinada... a los años cincuenta**   hair combed like in the fifties

[16] **no me costó trabajo**   it was not difficult for me

[17] **transmutado**   changed

[18] **el estirón puberal**   adolescent growth spurt

[19] **cuellicorta**   with a short neck

[20] **parecía llevar la cara en bandeja**   looked as if she had her face on a platter

[21] **a lo punky**   punk style

[22] **en suma**   in summary, in short

Después de leer

A. Comprensión inmediata Indicate whether the following statements are true or false, according to the story. If a statement is false, explain why and give the correct answer.

1. Lupe y Lolo eran los niños más comunes del barrio.
2. La mamá de Lupe era una señora que estaba en buena forma física.
3. Lupe era muy agraciada y tenía un físico perfecto.
4. Además, Lupe era una niña muy popular entres los otros niños.
5. En los juegos Lupe era muy rápida y ágil.
6. Todos los niños trataban bien a Lolo.
7. Lolo se quemó con una farola porque hacía mucho sol.
8. Era un niño delgado y frágil, con el pelo pelirrojo.
9. Se transformó en un adolescente atractivo y atlético.
10. Lupe creció con un gran parecido a su madre.

B. Cuestionario
1. ¿Por qué prestó atención el narrador a Lupe y a Lolo?
2. Según el narrador, ¿cómo son algunos niños desde que nacen?
3. ¿Cómo se describe a Lupe? ¿Qué defecto tenía?
4. ¿De qué manera actuaban los otros niños hacia ella?
5. ¿Qué hicieron los niños con Lolo un día del mes de agosto?
6. ¿Cómo fue la reacción de Lolo hacia los niños que le habían atado a la farola?
7. ¿Cómo describe el narrador a Lolo?
8. ¿Por qué dice el narrador que Lolo era omnipresente?
9. ¿Cómo se describe al Lolo adolescente? ¿Se ha efectuado algún cambio?
10. Según el narrador, ¿qué cambios ha experimentado Lupe? ¿Cómo se la describe?
11. ¿Qué existe en común entre los dos jóvenes?
12. ¿Qué ocurre en el encuentro entre los adolescentes Lupe y Lolo?

C. Discusión y opiniones

1. Según las descripciones que nos da el narrador, ¿qué tipo de niños son los *raros* del barrio?

2. ¿Ha conocido Ud. a alguien en una situación similar a la de Lupe y Lolo? Explique, dando ejemplos.

3. ¿Cree que los niños suelen ser crueles con los compañeros que tienen algún problema o incapacidad? ¿Por qué cree que ocurre esto?

4. ¿Qué se puede hacer para evitar las burlas y maltratos a algunos escolares?

5. ¿Cree que la administración del colegio debería expulsar a los estudiantes que se burlan de otros de forma constante?

6. ¿Por qué cree que se valora tanto la belleza física de las personas?

7. ¿Cree que es más fácil para las personas bellas conseguir éxito en la vida?

8. ¿Cómo interpreta Ud. el final del cuento?

D. Repaso gramatical (el imperativo)
Imagine you are talking to your friends Lupe and Lolo and telling them what to do in order to improve their physical appearances. Use the informal command (**tú** form) to address them.

1. Hacer ejercicio para perder unos kilos de peso. (Lupe)

2. Levantar pesas y mantener una dieta alta en carbohidratos. (Lolo)

3. Dejarse el pelo largo y teñirse el pelo a su color original. (Lupe)

4. Ir a una buena peluquería para que le hagan un cambio de estilo en su pelo. (Lolo)

5. Comprar un vestido más elegante. (Lupe)

6. Ponerse ropa más moderna. (Lolo)

E. Repaso gramatical (por/para)
Refer to the text of the story and complete each sentence with the correct use of **por** and **para**.

1. Hay niños que desde pequeños parecen nacido _____ sufrir.

2. Mucha gente se ríe de ellos _____ ser diferentes a los demás.

3. El cuerpo del pobre Lolo estaba inclinado _____ adelante.

4. El narrador vio venir _____ la calle a una criatura singular.

5. Lupe había cambiado su pelo de color negro _____ el rubio platino.

6. _____ cierto, un día los dos se encontraron en una plaza.

7. El narrador no les volvió a ver _____ varios años.

8. Lupe y Lolo se volvieron a encontrar después de varios años y _____ supuesto se llegaron a enamorar.

9

Estampida

Dinorah Cortés-Vélez

Dinorah Cortés-Vélez teaches Spanish language and literature as an Assistant Professor at Marquette University. She was born in 1971 in Hampton, Virginia to Puerto Rican parents and grew up in Isabela, Puerto Rico. In 1995, two of her short stories were published in the anthology *El rostro y la máscara: Antología alterna de cuentistas puertorriqueños contemporáneos.* A further story of hers is forthcoming in the journal *Caribe.* Cortés-Vélez also writes poetry, publishing in such journals as *Contornos, Zona, El cuervo,* and the cyberjournal *Letras salvajes.* Additionally, she has completed the manuscript of her first novel, *El arca de la memoria: Una biomitografía, la mía.* Her current project is entitled *Cuarentena y otras pejigueras menstruales*; and a piece from it entitled *"Si Aristóteles hubiera menstruado: Quimera filosófica en una descarga"* recently received honorary mention in a competition sponsored by the Ateneo Puertorriqueño (2006 edition).

Antes de leer

Vocabulario

Sustantivos

el escozor *stinging*
la pantorrilla *calf*
el estorbo *nuisance*
el cielo *heaven, sky*
el varón *male*
el rencor *rancor*
la fe *faith*
el castigo *punishment*
la rebeldía *rebelliousness*
la peinilla *comb*
el fervor *fervor*
la desesperación *despair*
la piedad *piety*
el sordo *deaf person*
el nacimiento *birth*
el primogénito *firstborn*
la furia *fury*
la aspereza *roughness*
la cita *appointment*
la finca *country house*
un rato *a while*
la parada *bus stop*
los carros públicos *public bus system*
el biberón *baby bottle*
la cunita *cradle*
la nena *baby girl*
el cómplice *accomplice*
el esclavo *slave*
los tenis *tennis shoes*
la honda *sling*
el bolsillo *pocket*
el almuerzo *lunch*

el sigilo *stealth*
la estampida *stampede*
el buey *ox*
el toro *bull*
la charca *pond*
el polvo *dust*
la hazaña *deed*
el llanto *crying*
la palangana *washbasin*
la anciana *old woman*
el grano *grain*
las pantuflas *slippers*
la polvareda *cloud of dust*
la pezuña *hoof*
el vozarrón *loud voice*

Verbos

madrugar *to get up early*
trajinar *to be busy*
reventar *to burst*
convencer *to convince*
cuidar *to look after*
implorar *to beg*
conceder *to grant*
pedir *to ask for*
demandar *to demand*
secar *to dry*
murmurar *to whisper*
pretender *to expect*
perder *to miss*
velar *to watch*
despertarse *to wake up*
tramar *to plot*
deshacerse de *to get rid of*

asar   *to roast*
soltar   *to release*
gritar   *to shout*
curtir   *to tan (fig.)*
esparcir   *to scatter*
perseguir   *to chase*
alimentar   *to feed*
golpear.   *to hit*
toparse con   *to bump, run into*
acunar   *to rock*

Adjetivos

llagado/(a)   *sore*
escaso(a)   *scarce*
ciego(a)   *blind*
rancio(a)   *stale, rancid*
resentido(a)   *resentful*
furioso(a)   *furious*

tembloroso(a)   *shaking*
desmandado(a)   *unruly*
inusitado(a)   *unusual, rare*

Expresiones

como de costumbre   *as usual*
a todo escape   *very quickly*
encima de todo   *above all*
de tal palo tal astilla   *like father, like son*
a su cargo   *in charge*
a toda prisa   *in a rush*
a sabiendas de que   *knowing full well that*
con estrépito   *uproariously*
salpicado de   *splashed, spattered with*

A. From the list above choose the correct word or expression that means the same as the underlined words or expressions below. Make any necessary changes.

1. La mamá tuvo que <u>dar de comer</u> a su bebé antes de salir para el trabajo.

2. Marta estaba <u>disgustada</u> con su novio porque no había recibido ningún regalo.

3. Esos niños <u>están chillando</u> demasiado y no puedo concentrarme.

4. Terminaron la reunión <u>con mucho ruido</u>.

5. El profesor <u>requirió</u> que todos los estudiantes hicieran la tarea.

6. No fue a la fiesta porque tenía que <u>cuidar</u> de su abuelita.

7. Carlos <u>meció</u> a la niña para que no llorara más.

8. La secretaria compró un crucero por el Caribe con sus <u>limitados</u> ahorros.

9. Se está comportando de una manera muy <u>inusual</u> a la acostumbrada.

10. De camino al colegio Eva <u>se encontró</u> de casualidad con su tía Marta.

B. From the following word bank find the antonym for each of the words in the exercise below.

despertarse	furioso	soltar	esparcir	rancio
madrugar	convencer	implorar	pedir	secar

1. atar
2. ordenar
3. sereno
4. disuadir
5. nuevo

6. trasnochar
7. mojar
8. dormirse
9. exigir
10. juntar

C. Making the necessary changes, complete each sentence with a word or expression from the vocabulary list.

1. _____, la mamá se había levantado muy temprano.
2. Había hecho una _____ con el médico días antes porque no se sentía bien.
3. Era el hijo _____ y por eso tenía muchas responsabilidades.
4. El abuelo estaba _____ y _____ y necesitaba ayuda para desplazarse.
5. Está muy _____ con todos porque le trataron muy mal.
6. Fue a visitarles _____ de que no había nadie en la casa.

D. Temas de orientación

1. ¿Tiene Ud. hermano(s) o hermana(s) cercanos en edad? ¿Cómo es la relación entre ustedes?
2. ¿Cuándo era Ud. pequeño(a), solía discutir con sus hermanos por los juguetes?
3. ¿Ha tenido que cuidar alguna vez de un hermano(a) pequeño(a)? ¿Cómo fue esa experiencia?
3. ¿Conoce Ud. alguna cultura en la que se trate mejor a los hijos que a las hijas? Dé ejemplos.

Estampida

Esa mañana, como de costumbre, Luisa madrugó. Antes de que saliera el sol, ya andaba trajinando por la casa porque tenía que estar bien tempranito en la oficina del doctor. Aunque, para ella, todos los médicos no eran sino unos matasanos[1], aquella pústula[2] a punto de
5 reventarle la pierna finalmente la convenció de sacar la cita.

Mientras se bebía a todo escape el consabido trago de café mañanero[3], pensó con un encono[4] parecido al escozor de la pantorrilla llagada, que todavía le faltaba buscar a alguien que pudiera cuidarle a su hija, Carmen Rosa. A sus escasos dos años, ya sentía a aquella mucha-
10 chita como un gran estorbo en su vida. Siempre había implorado al cielo tan sólo tener hijos varones. ¿Por qué no pudo Dios concederle el único favor que llegó a pedirle en su vida? —pensó con rencor. Ya era mucho pedir que le demandara una fe ciega, que ni quería ni podía sentir, un Dios que no sólo permitía los males del mundo sino los de ella misma
15 —se dijo. ¡Una hija! ¡Un castigo del cielo!— pensó con una rebeldía rancia como la leche que se secó en sus pechos sin ser bebida por su hija.

Encima de todo, murmuraba resentida, mientras se pasaba la peinilla con más fuerza de la necesaria por sus cabellos rojizos, Dios tenía la fuerza de cara[5] de pretender que ella aceptara a aquella niña y
20 que le dedicara su vida. Con todo y que le había pedido con un fervor nacido más de la desesperación que de la piedad, que le diera un hijo varón, Dios tenía que hacerse el sordo como, a su ver, solía.

Aunque el nacimiento de Lucho, el primogénito, había sido motivo de alegría (después de todo se le había cumplido el sueño de
25 toda su vida de tener un hijo varón), no pasó mucho antes de que la furia de verse retratada en él —en toda su violencia— la dominara y la hiciera tratarlo con aspereza y un rigor excesivo. Sin embargo, madre e hijo se entendían porque de tal palo tal astilla. Pero, ¡una hija! Eso ya era harina de otro costal[6]. Bien sabía que a las mujeres les tocaba
30 siempre llevar la peor parte. Ella misma hubiera querido nacer varón. Y ahora, ahora tenía que cuidar de aquella niña cuya sola presencia la sacaba de sus casillas[7].

---

[1] **matasanos** quacks
[2] **pústula** ulcer
[3] **consabido trago de café mañanero** habitual early morning gulp of coffee
[4] **encono** anger
[5] **tenía la fuerza de cara** had the nerve
[6] **harina de otro costal** a whole different ball game
[7] **la sacaban de sus casillas** shook her out of her complacency

Al darse cuenta que si no se iba inmediatamente, perdería la cita que tanto le había costado conseguir, Luisa se determinó a dejar a Carmen Rosa con Lucho, quien por entonces tenía nueve años. Juan, su esposo, ya se había ido para la finca y, en el corre corre[8] de prepararlo todo para la cita el día anterior, no había tenido ocasión de hablar con alguna de las vecinas. Para tranquilizar su conciencia se dijo que si su hijo ya era lo suficientemente grande como para cuidar de sí mismo, no sería mucho pedirle el que velara a la niña por un rato.

Lo despertó con una larga lista de instrucciones sobre cómo cuidar a su hermanita, a quien dejaba a su cargo por primera vez. Pero Lucho oía a su madre como quien oye llover[9]. Antes de que se le viniera encima el día, Luisa partió a toda prisa hacia la parada de carros públicos.

Entre tanto, Lucho despertaba a Carmen Rosa con el biberón que le había preparado su madre, antes de irse. Mientras la niña se lo bebía con fruición[10], su hermano la miraba allí en la cunita, a la vez que tramaba cómo deshacerse de ella para siempre. Como su madre, Lucho había deseado, con todo lo que tenía, que Carmen naciera varón. Estaba hasta las narices[11] de que hubiera una nena en la casa, en lugar del hermano que había deseado tener por cómplice y esclavo.

No bien Carmen Rosa se hubo bebido la leche, cuando Lucho la sacó tal y como estaba, en su pijama amarilla, de la cuna. Con ella en brazos, fue hasta su habitación. Tras colocarla sobre la cama, se puso sus viejos tenis y se metió una honda en el bolsillo del pantalón, porque de regreso a la casa quería matar unos cuantos pájaros y asarlos para el almuerzo. Finalmente, Lucho tomó en brazos a su hermana menor y salió con el sigilo de quien no quiere que lo sorprendan.

Cruzó la tala[12] de tabaco y caminó monte adentro[13] por muchísimo rato, porque quería llegar hasta un cierto camino que quedaba muy lejos de la casa. Pasó de largo por el lado de la casa de don Cheo y doña Goyita, unos vecinos que vivían pegados[14] de dicho[15] camino. Por ahí pasaba todos los días, tras haber cruzado la vía del tren, una estampida de bueyes y toros para beber agua en una charca, que quedaba al otro lado de la vía.

Lucho llegó poco antes de la hora en la que él sabía que iban a soltar los animales. Allí mismito[16], en medio del camino, fue donde

35

40

45

50

55

60

65

---

[8] **en el corre corre**   in the hustle and bustle
[9] **como quien oye llover**   like water off a duck's back
[10] **con fruición**   with enjoyment
[11] **estaba hasta las narices**   he had it up to here

[12] **tala**   area where trees have been cut down
[13] **monte adentro**   deep in the forest
[14] **pegados**   next to
[15] **dicho**   said, mentioned
[16] **allí mismito**   right there

dejó sentada a su hermana menor, quien se quedó gritando, mientras que el polvo se le metía por ojos, boca y nariz y curtía su linda pijama
70   amarilla. Pero Lucho se fue contento de su hazaña. No contaba con que doña Goyita oiría el llanto de la bebé y se tiraría para el camino, aún a sabiendas de que los animales estaban por pasar[17].

La palangana de metal en la que la anciana había estado des-granando gandules[18] cayó con estrépito y los granos se esparcieron por
75   el suelo del balcón. A pesar de sus muchos años, Doña Goyita echó una loca carrera[19] y, pantuflas de estar en la casa y todo, llegó en un san-tiamén[20] hasta donde estaba la nena, cubierta de moco[21] y de tierra. Pudo divisar, a lo lejos, la sed furiosa de la masa en desbandaba. Más rápido que volando, levantó a la beba entre sus brazos y arrancó para la casa,
80   perseguida por la polvareda de las pezuñas al golpear la tierra.

Una vez dentro de la casa, la anciana le limpió con temblorosa diligencia manos y cara a la niña. Tras alimentarla y dejarla descansar un poco, Doña Goyita y Don Cheo, su marido, echaron a andar[22] para la casa de Luisa y de Juan, llevando a la niña consigo.
85   Al llegar allá, se toparon con la de San Quintín[23] que había armado Luisa al no poder encontrar a Carmen tras su regreso. Poniendo cara de circunstancias[24], Lucho replicaba sin parar que no sabía dónde rayos se había metido su hermanita[25]. Luisa ya estaba por soltarle el burrunazo[26] en plena cara, cuando oyó el vozarrón de don Cheo llamar.
90   ¡Cuál no sería su sorpresa al ver llegar a la pareja con Carmen en brazos[27]! Al enterarse de cómo fue encontrada, la cara que puso Luisa valía un millón[28]. Sin embargo, ninguno de los allí presentes pudo pre-cisar con exactitud la de sentimientos encontrados tirándole y jalándole[29] el músculo del corazón: un entender —muy a pesar suyo— las motiva-
95   ciones asesinas del hijo mayor, unas ganas imperativas de matarlo en el acto por haberse desmandado y un deseo inusitado de acunar a la chiquita entre sus brazos, salpicado de un profundo rechazo a su feminidad.

---

[17] **estaban por pasar**   were about to pass by
[18] **desgranando gandules**   shelling pigeon peas
[19] **echó una loca carrera**   raced
[20] **en un santiamén**   in no time at all
[21] **moco**   snot (fam.)
[22] **echaron a andar**   started to walk
[23] **se toparon con la de San Quintín**   started big trouble, confusion. The Battle of San Quintín took place in the XVI Century between Spain and France. The Spanish King Philip II built the Monastery of El Escorial to commemorate the Spanish victory in this battle.
[24] **poniendo cara de circunstancias**   trying to look serious
[25] **dónde rayos se había metido su hermanita**   where the hell his little sister went
[26] **soltarle el burrunazo**   to hit him
[27] **en brazos**   in their arms
[28] **valía un millón**   was worth a million
[29] **jalándole**   pulling

Después de leer

A. Comprensión inmediata Indicate whether the following statements are true or false, according to the story. If a statement is false, explain why and give the correct answer.

1. Luisa no tuvo que levantarse pronto como otros días.
2. Ese día no hizo ningún trabajo en la casa porque tenía una cita con el médico.
3. Luisa no tenía una buena opinión de los doctores.
4. Su hija Carmen Rosa tenía nueve meses.
5. Luisa siempre había deseado tener una hija.
6. Luisa le pidió a Dios muchas veces que sólo le diera hijos varones.
7. La relación entre Luisa y su hijo Lucho era muy buena.
8. El esposo de Luisa trabajaba como mecánico de coches.
9. Lucho siempre había deseado tener una hermanita para jugar con ella.
10. Doña Goyita rescató a la niña antes de que llegaran los animales.

B. Cuestionario

1. ¿Por qué tenía Luisa que ir al médico?
2. ¿Qué sentimientos tenía Luisa por su hija Carmen Rosa?
3. ¿Por qué sentía Luisa tanto rencor hacia Dios?
4. ¿Por qué trataba Luisa con aspereza a su hijo Lucho?
5. ¿Por qué no quería Luisa tener hijas?
6. ¿Qué le pide Luisa a Lucho antes de salir para su cita médica?
7. ¿Qué idea se le ocurrió a Lucho mientras observaba a su hermanita?
8. ¿Cuál era su plan exactamente?
9. ¿Dónde abandonó Lucho a su hermanita?
10. ¿Quién era doña Goyita? ¿Qué estaba haciendo cuando oyó el llanto del bebé?
11. ¿Cómo rescató Doña Goyita a Carmen Rosa?

12. ¿Qué respondió Lucho a su madre al ser preguntado por su hermanita?

13. ¿Cómo es la reacción de Luisa al enterarse de lo ocurrido?

C. Discusión y opiniones

1. ¿Cómo interpreta Ud. el hecho de que Luisa no quisiera tener hijas?

2. ¿Ha conocido Ud. a alguien como Luisa? Explique dando ejemplos.

3. ¿Por qué cree que algunas mujeres prefieren tener hijos varones en vez de hijas?

4. ¿Cree que los hijos aprenden las actitudes y comportamientos de los padres? ¿Cómo interpreta el comportamiento de Lucho hacia su hermanita?

5. ¿Ha sentido Ud. celos de su(s) hermano(s) o hermana(s) alguna vez? Dé ejemplos.

6. ¿Cree que Lucho entendía bien las consecuencias de sus actos?

7. En su opinión, ¿cuáles son los sentimientos encontrados que, según el narrador, sintió Luisa al darse cuenta de lo ocurrido? ¿Cómo interpreta el final del cuento?

8. ¿De qué manera cree Ud. que este episodio va a afectar la actitud de Luisa hacia su hija en el futuro?

D. Repaso gramatical (el futuro)

What is the future of Lucho's family like? In order to find out, complete the following sentences with the future tense of the verbs in parentheses.

1. Luisa _____ (tener) varios nietos y nietas.

2. Juan _____ (haber) comprado una finca más grande.

3. Carmen Rosa _____ (poder) hacer un viaje por toda Europa.

4. Lucho _____ (ser) el orgulloso padre de una niña.

5. La familia completa _____ (poder) celebrar el cumpleaños de Carmen Rosa.

6. Doña Goyita _____ (vivir) en la misma casa.

7. Lucho y Carmen Rosa _____ (querer) trabajar juntos.

8. Luisa y Doña Goyita _____ (hacer) postres deliciosos juntas.

The fortune-teller. Imagine you are a fortune-teller and Luisa is your client. Answer her questions.

1. ¿Cuántos hijos más e hijas voy a tener?

2. ¿Cómo será mi hijo Lucho en el futuro?

3. ¿Qué futuro ve para mi hija Carmen Rosa?

4. ¿Dónde viviremos dentro de cinco años?

5. ¿Qué trabajo tendrá mi esposo Juan dentro de varios años?

6. ¿Iremos de vacaciones a algún lugar el próximo verano?

7. ¿Cómo será la salud de Doña Goyita?

8. ¿Podremos comprar un coche nuevo antes del fin de año?

10

La corta vida feliz del profesor Iriarte

Alfredo Bryce Echenique

Alfredo Bryce Echenique was born in 1939 in Lima, to an old and aristocratic Peruvian family. He completed both his primary and secondary education in English-speaking institutions. In order to appease his family, Bryce Echenique studied law at the Universidad Nacional Mayor de San Marcos in Lima. Nevertheless, his literary interest prevailed; and for that reason, he completed a parallel course of study in literature with an emphasis on Ernest Hemingway. In 1964, he traveled to Paris, where he studied classic and contemporary French literature and received a master's degree in literature at the Université de Vincennes. Eventually, he would move to Madrid, where he started his writing career.

In 1968, Echenique won the *Casa de las Américas* prize for his book of short stories entitled *Huerto cerrado*. With his first novel, *Un mundo para Julius* (*A World for Julius*), written in 1970, he received the *Nacional de Literatura* prize in Peru (1972) as well as the prize for the Best Foreign Novel in France in 1974. Other works of his include: *La felicidad ja, ja* (1974), *Tantas veces Pedro* (1977), *La vida exagerada de Martín Romaña* (1981), *La última mudanza de Felipe Carrillo* (1988), *Permiso para vivir* (1993), *No me esperen en abril* (*Don't Expect Me in April*, 1995), *Reo de nocturnidad* (1997), and *La amigdalitis de Tarzán* (1997). In 2002 he won the *Planeta* prize for his novel *El huerto de mi amada*. In 2005 he published his second book of memories, *Permiso para sentir* (*"antimemorias"* II), where he bitterly criticized the societal transformations, that were taking place in Peru.

Echenique has worked as a professor at Nanterre, the Sorbonne, Vincennes, Montpellier, Yale, University of Austin, and Universidad de Puerto Rico, among others. Additionally, he received the prestigious *Nacional de Narrativa* prize in Spain in 1998 and remains one of the most translated authors from Latin America.

The narrative of Echenique is full of singular characters who are, for the most part, members of Lima's so-called oligarchy. One of the common denominators that link together many of Echenique's works of fiction is the unwillingness of his protagonists to come to terms with the world in which they live. Alienated from the reality which they are unable to accept, they usually take refuge in their past in order to combat feelings of nostalgia and frustration. The protagonist of the short story "Jim," like the majority of Echenique's characters, refuses to accept the social reality of his situation, and escapes into a fantasy world as a means of survival.

Antes de leer

Vocabulario

Sustantivos

el/la maestro(a)   *school-teacher*
el aula   *classroom*
el tesón   *tenacity*
la gradación   *rank*
la tendencia   *tendency*
el alza   *rise*
el desamparo   *helplessness*
el extranjero   *foreigner*
el héroe   *hero*
el campeón   *champion*
la desolación   *desolation*
la digresión   *digression*
la jabalina   *javelin*
la golondrina   *swallow*
el alba   *dawn*
el diario   *daily newspaper*
la hazaña   *deed*
el balcón   *balcony*
el discurso   *speech*
el cardenal   *cardinal*
el aplauso   *applause*
el/la alumno(a)   *pupil, student*

el/la aguafiestas   *spoilsport*
la plusmarca   *record*

Verbos

respetar   *to respect*
confiar en   *to trust*
escalar   *to climb*
competir   *to compete*
alimentar   *to feed*
uniformarse   *to put into uniform*
dar ejemplo   *to set an example*
entrenar   *to train*
deducir   *to deduce, infer*
triunfar   *to triumph*
mitificar   *to mythicize*
destacar   *to stand out*
reírse   *to laugh*
burlarse   *to make fun*
acceder   *to get admittance*
bendecir   *to bless*
rogar   *to beg*
asentir   *to agree*
encaramar   *to climb*

durar   *to last*
tornarse   *to turn into*

Adjetivos

desgraciado(a)   *unfortunate*
indisciplinado(a)   *undisciplined*
irrespetuoso(a)   *disrespectful*
entrañable   *pleasant*
temprano(a)   *early*
abominable   *abominable*
ejemplar   *exemplary*
cívico(a)   *civic*
noble   *noble, honest*
bondadoso(a)   *kind*
desinteresado(a)   *unselfish, selfless*
nocturno(a)   *night*
solitario(a)   *solitary*
gigantesco(a)   *gigantic*
vespertino(a)   *evening*
sano(a)   *healthy*
heroico(a)   *heroic*
mayúsculo(a)   *enormous*
interminable   *endless*

sublime   *sublime*
matinal   *morning*
silencioso(a)   *silent, quiet*
puntual   *punctual*
eficaz   *effective*

Expresiones

estar consciente   *to be aware*
con ahínco   *eagerly*
por más que   *even though, although*
en el extranjero   *abroad*
algo así   *something of that nature*
el tal   *a certain*
cueste lo que cueste   *cost what it may*
nomás   *only (Latin America)*
batir un récord   *to break a record*
de golpe y porrazo   *all of a sudden*
dirigir unas palabras   *to address*

A. From the vocabulary list choose the word that best fits the description of each statement.

1. de carácter sereno y apacible
2. que llega a tiempo y hace las cosas a tiempo
3. que es o viene de otro país
4. de la tarde o relativo a ella
5. íntimo o muy afectuoso
6. pedir algo con súplicas o con mucha humildad
7. alabar, ensalzar o mostrar alegría o agradecimiento
8. que goza de perfecta salud

9. preparar física, técnica y psíquicamente a alguien para mejorar el dominio de un deporte

10. quedar victorioso o resultar vencedor

B. Match each of the following words with its synonym.

1.	ejemplar	a.	civilizado
2.	indisciplinado	b.	valiente
3.	cívico	c.	saludable
4.	burlarse	d.	disputar
5.	competir	e.	sobresalir
6.	heroico	f.	desobediente
7.	triunfar	g.	admirar
8.	destacar	h.	modélico
9.	respetar	i.	vencer
10.	sano	j.	reírse

C. Temas de orientación

1. ¿Qué recuerdos tiene Ud. de su escuela secundaria? Descríbala.

2. ¿Hay algún profesor(a) que recuerde por algún motivo? ¿Por qué?

3. ¿Respetaban sus compañeros o compañeras a los profesores?

4. ¿Qué diferencia encuentra entre el trato que tenía Ud. con sus profesores y el que hay en el momento actual? ¿Ha habido algún cambio? Explique.

La corta vida feliz del profesor Iriarte

Feliciano Iriarte pertenecía a esa desgraciada categoría de maestros a los que ningún alumno le dice profesor sino "profe"[1], por esas cosas de la vida social en el Perú de los años cincuenta, en la que las cosas estaban claras, las cholitas[2] eran bonitas, y nadie quería imaginarse

---

[1] **profe**   prof; short for "professor"
[2] **cholitas**   young women in some Latin American countries; also Bolivia's native,

dark-skinned women with the two long pony tails, pleated skirts and bowler hat

5   siquiera lo pluriétnica y pluricultural que podía ser la auténtica realidad nacional.

    La gran diferencia entre un profesor y un profe es que a aquél se le respeta dentro y fuera de la sala de clases y dentro y fuera del colegio, mientras que al profe se le mete vicio, se le indisciplina uno, dentro y
10 fuera del aula, e incluso después, ya de regreso a casa, de vuelta del colegio, o sea, cuando el pobre hombre ni siquiera está presente. Digamos, pues, que uno es *esencialmente* irrespetuoso con el profe.

    Y en el ambiente de colegio bien[3], de barrio bien[4], de alumnos bien[5], con padres económica y socialmente bien, Feliciano Iriarte califi-
15 caba[6] para profe, *quintaesencialmente*[7], pero era como que estaba muy consciente de ello y confiaba en que, con ahínco, con tesón, tarde o temprano iba a escalar, por más que de profe lo tuviera todo, absolutamente todo —color modesto, uniforme militar de muy baja gradación sin tendencia al alza[8], y condición de atleta nacional, lo cual en el Perú implica
20 un desamparo institucional tan sólo comparable al amor por la camiseta patria[9], aunque prácticamente jamás se compita en el extranjero ni contra extranjeros—. Se nace entrañablemente atleta peruano o algo así, y después ya cada uno ve cómo se las arregla[10], cómo se alimenta, cómo se uniforma y cómo entrena aunque sea de noche y en la calle.

25   Feliciano Iriarte era, se deduce, nuestro profesor de educación física[11] con rigor y disciplina militares, pero nuestro colegio era norteamericano, como lo era también todo el cine que veíamos, y en el mundo en que vivíamos quien no salía de West Point[12] como que no era muy militar que digamos, o, por decirlo más clara y explícitamente, nuestros
30 héroes máximos habían muerto todos en la guerra con Chile[13], el siglo pasado, y un militar actual de baja graduación y metido en un colegio norteamericano enseñando educación física, mucho, muchísimo más tenía que ver con un atleta nacional que con un auténtico West Point.

---

[3] **colegio bien**   prestigious school, usually for the wealthy
[4] **barrio bien**   wealthy area, district
[5] **alumnos bien**   wealthy students
[6] **calificaba**   had all the necessary attributes
[7] **quintaesencialmente**   the perfect example
[8] **sin tendencia al alza**   without possibility of promotion
[9] **camiseta patria**   national team jersey; in Peru, it is white with red stripes
[10] **cada uno ve cómo se las arregla**   each will have to sort it out as best as they can

[11] **profesor de educación física**   physical education teacher
[12] **West Point**   the U.S. Military Academy, also known as USMA
[13] **guerra con Chile**   War of the Pacific (1879–84), a conflict involving Chile, Bolivia, and Peru. Chile gained substantial mineral-rich territory in the conflict, annexing both the Peruvian province of Tarapacá and the Bolivian province of Litoral, leaving Bolivia as a landlocked country.

En nuestro colegio bien norteamericano se le enseñaba a uno a ser primero de la clase, a ser campeón interescolar, a ser un hombre   35
que va a triunfar en la vida y a ser siempre más alto que los profesores y alumnos de los colegios nacionales, desde la más temprana adolescencia. Se mitificaba el *american way of life*, como si en cualquier otro país del mundo la gente no quisiera también vivir con gran confort, en una buena casa, con alguno que otro viaje al extranjero y un buen par   40
de automóviles. Con todos estos "elementos" ya adquiridos, la verdad es que no sé cómo se la han arreglado los norteamericanos para convertir el *american way of life*, en los Estados Unidos, en la abominación de la desolación.

Pero, digresión aparte, el profesor Feliciano Iriarte no sólo quería   45
transmitirnos educación física sino también algunos ideales que hacen que el hombre pueda ser ejemplar, cívica y moralmente ejemplar, noble, bondadoso y desinteresado en su trato con los demás, incluido él, por cierto. Y nos contaba de sus nocturnos y solitarios entrenamientos con una jabalina, allá en un terreno baldío[14] de Pueblo Libre[15]. Y nos con-   50
taba que también él quería triunfar, destacar, pero no a cualquier precio[16], sino dando siempre el ejemplo. Y constantemente empleaba las palabras *psicología* y *psicólogo* y también todo podía deberse a un problema psicológico para él. Y así hasta que nos enteramos de que, además de militar, profe, y atleta nacional, el tal Feliciano Iriarte estudiaba me-   55
dicina y quería especializarse en psicología, y así con ahínco, con gran tesón, triunfar también, pero no cueste lo que cueste, sino dándonos a todos el ejemplo ahí, en el colegio, por más que ustedes ahora se rían, se burlen, sí, búrlense nomás, nada de ello impide que yo tenga mi jabalina y mi filosofía propias. Con la primera batiré algún día un récord y gra-   60
cias a la segunda sé que, si bien una golondrina no hace verano, el verano tampoco existiría sin la primera golondrina.

Tanto ahínco, tan gigantesco tesón, su pasión por la psicología, sus estudios vespertinos, sus esfuerzos al alba y otra vez de noche con la jabalina, su rigor militar, su excelente estado físico y su mente sana,   65
hicieron que Feliciano Iriarte, como por arte de magia[17], accediera de golpe y porrazo a la categoría de profesor, y verdaderamente respetable, incluso admirable, casi heroico. Los diarios hablaban de él y él hablaba modélicamente por cuanta radio había entonces en Lima.

---

[14] **terreno baldío**   vacant lot   [17] **como por arte de magia**   as if by magic
[15] **Pueblo Libre**   a district of Lima (Peru)
[16] **no a cualquier precio**   not simply at any cost

70   Y, oh, hazaña nacional, una tarde hicieron formar[18] al colegio
entero ante el balcón de las grandes ocasiones, el de los Discursos
Mayúsculos, que hasta entonces ningún peruano había pisado[19] y llevaba sin usarse desde que el cardenal USA Spellman[20] pasó bendi-
ciendo la guerra de Corea[21] y un poquito también a nosotros. Y habló
75   desde allá arriba con su acento tejano[22], el padre director.
    —El profesor Feliciano Iriarte, para quien rogamos el más fuerte
aplauso jamás escuchado en colegio alguno, va a dirigirles la palabra.
Perdón: el profesor Iriarte, que acaba de batir el récord sudamericano
de lanzamiento de jabalina, con homologación[23] y todo, va a dirigirles
80   unas palabras.
    —En efecto —asintió, feliz, el profesor y golondrina Feliciano
Iriarte, quien más que presente en el balcón de los Grandes Discursos,
como que se había encaramado ferozmente en él, para que nunca
jamás lo sacaran de ahí, para que aquello fuera interminable, sublime
85   y para siempre, ya que él, gracias a su tesón, gracias a su ahínco ri-
guroso, auroral, matinal, diario, vespertino, nocturno, no pensaba
bajarse de su balcón ni de su récord en el resto de los días de la vida—.
Y por eso, jóvenes, alumnos, juventud, peruanos, muchachos compañeros de mi vida, por eso, sí, por eso, antes de empezar a hablarles,
90   quisiera decirles unas cuantas palabras...
    Duró más que el récord el discurso del profesor Feliciano Iriarte
y fue el eterno aguafiestas de Garrido Malo quien llegó con la noticia
de que el atleta colombiano no sé cuántos Zaldívar[24] acaba de pulverizar[25] una plusmarca sudamericana de jabalina a la que ni nosotros
95   ni el pobre Feliciano Iriarte, mucho menos, nos habíamos acostumbrado todavía. O sea que ni siquiera hubo que sacarnos de nuestro
asombro y las clases de educación física se tornaron tristes y silen-
ciosas y, aunque siempre puntual y eficaz, Feliciano Iriarte como que
sólo había soñado que estuvo algún día en ese balcón, en ese récord, y
100   en ese verano. Y nosotros también, profe.

---

[18] **formar**   to form a line
[19] **había pisado**   had set foot in
[20] **cardenal USA Spellman**   A Catholic
cardinal from Massachusetts. A steadfast
social, political, and theological
conservative, Cardinal Spellman often took
positions on public policy issues and
endorsed American military efforts, making
publicized visits to the front lines.

[21] **la guerra de Corea**   the Korean War
(1950–1953), a conflict between communist
and noncommunist forces in Korea
[22] **acento tejano**   Texan accent
[23] **homologación**   standardization
[24] **no sé cuántos Záldivar**   a way for
someone to express that he or she only
remembers a person's last name
[25] **pulverizar**   to smash (a record)

Después de leer

A. Comprensión inmediata. Indicate whether the following statements are true or false, according to the story. If a statement is false, explain why and give the correct answer.

1. Ningún estudiante llamaba «profe» al profesor Feliciano Iriarte.
2. En el Perú no existe diferencia entre usar la palabra «profe» o profesor.
3. Al profesor se le respeta y al «profe» no.
4. En un barrio bien la gente es de nivel económico y social alto.
5. Los deportistas de la selección nacional de Perú siempre compiten en el extranjero.
6. Los atletas de Perú disponen de las mejores instalaciones deportivas para entrenar.
7. Feliciano Iriarte era profesor de disciplina militar.
8. En este colegio norteamericano los estudiantes aprendían a triunfar en la vida.
9. El profesor Iriarte les hablaba a sus estudiantes de sus entrenamientos con jabalina.
10. Un atleta colombiano se apoderó del récord de jabalina que hasta entonces tenía Iriarte.

B. Cuestionario

1. ¿Quién era Feliciano Iriarte?
2. Según el narrador, ¿qué diferencia existe entre llamar a un maestro profesor o «profe»?
3. ¿De qué nivel social y económico es el colegio donde trabaja Iriarte? Explique.
4. ¿Por qué calificaba Feliciano Iriarte para ser llamado «profe»?
5. ¿Por qué no se le reconocía al profesor Iriarte como profesor de Educación Física?
6. ¿A qué se le enseñaba a los alumnos del colegio del narrador?
7. ¿Qué se mitificaba en ese colegio?
8. ¿Qué otros ideales, además de educación física, quería transmitir el profesor Iriarte a sus estudiantes?

9. ¿Cuáles eran los ideales del profesor Iriarte en cuanto a triunfar en la vida?

10. ¿Qué hacía el profesor Iriarte además de ser profesor, militar y atleta?

11. ¿Qué sueños tenía el profesor Iriarte en cuanto a su jabalina?

12. ¿Qué quería decir el profesor Iriarte con el dicho: «Si bien una golondrina no hace verano, el verano tampoco existiría sin la primera golondrina»?

13. ¿Qué consiguió el profesor Iriarte con su esfuerzo y tesón?

14. ¿Por qué dice el narrador que duró más el discurso del profesor Iriarte que su récord de jabalina?

C. Discusión y opiniones

1. ¿Cuál es el tono del narrador hacia el profesor Iriarte? Explique con ejemplos.

2. ¿Qué ejemplos encuentra en el cuento en cuanto a la división de clases sociales en el Perú?

3. Según el cuento, ¿cuál es la situación de los atletas nacionales y los deportes en Perú?

4. Al tratarse de un colegio norteamericano, ¿qué valores y tipo de vida se inculcan en los alumnos?

5. ¿Cuáles son los valores que defiende el profesor Iriarte? ¿De qué manera son estos opuestos a los que se enseñan en el colegio?

6. ¿Cree Ud. que el narrador valora el esfuerzo y sacrificio del profesor Iriarte? Dé ejemplos que justifiquen su respuesta.

7. ¿Cómo explica Ud. que el narrador termine su relato con la palabra «profe»?

8. En su opinión, ¿por qué cree Ud. que existen hoy en día tantos casos de falta de respeto hacia los profesores?

9. ¿Hay algún(a) profesor(a) que Ud. recuerde con especial cariño? ¿Qué cualidades tenía este(a) profesor(a)?

10. ¿Qué le diría a un estudiante que no se comporta con respeto hacia un profesor?

D. Repaso gramatical (el condicional)

What would you do if you lived in Peru? Using the conditional, make a sentence with each of the following situations:

1. vivir en Lima porque está cerca del mar
2. tener varias bufandas de alpaca
3. hacer un viaje al Amazonas
4. saber muchísimo sobre los incas
5. visitar Machu Picchu con frecuencia
6. salir a pasear con mi perro por Miraflores
7. poder beber té de coca todos los días

In this situation... Read the following sentences and then explain (using the conditional) what you would do if you were in that situation.

1. Un alumno se burla del profesor Iriarte delante de Ud..
2. El director del colegio comunica a los estudiantes que el profesor Iriarte ha ganado un premio importante.
3. Ha sacado muy malas notas en química y matemáticas.
4. El profesor Iriarte le pide que le acompañe a lanzar jabalina.
5. Tiene un problema con uno de sus compañeros de clase.

11

Rosamunda

Carmen Laforet

Carmen Laforet (1921–2004), a contemporary Spanish novelist, was born in Barcelona. She spent her childhood and adolescence in Las Palmas, in the Canary Islands. At the end of the Spanish Civil War (1936–1939), she went to Barcelona to live with her mother's family and attend university. In 1945 she won her first literary prize, the Premio Nadal, with her novel *Nada* (*Nothingness*). This novel presents the impressions, through a first-person narrator, of a young woman who travels to Barcelona after the Spanish Civil War to study at a university. The Barcelona that the protagonist discovers after the war is very different to the city she remembers from her childhood. In the same manner, the chaotic atmosphere in her family's house can only be explained as a result of war destruction.

In 1952 Laforet published *La isla y los demonios* (*The Island and the Demons*), also autobiographical in nature. Her novel *La mujer nueva* (*The New Woman*), published in1955, reflects Laforet's conversion to catholicism. In 1961 Laforet wrote *Gran Canaria* (*Grand Canary*), a guide to the island where she lived as a child. In 1963 she published *La insolación* (*Sunstroke*), and in 1967 *Paralelo 35* (*Parallel 35*). She died in Madrid in February, 2004.

In the short story "Rosamunda," Laforet deals with a topic that appears very often in Laforet's fiction: the fight between personal aspirations and the limits found in society. Through the power of the imagination, Rosamunda, the protagonist of the story, is able to cope with the sad and miserable reality of her life.

Antes de leer

Vocabulario

Sustantivos

el asiento   *seat*
el pasillo   *hallway*
la pestaña   *eyelash*
el vagón   *coach*
las ojeras   *circles under the eyes*
la palmera   *palm tree*
el naranjo   *orange tree*
la lágrima   *tear*
la tumba   *tomb, grave*
la estrechez   *lack of space*
la catástrofe   *disaster*
el carnicero   *butcher*
la paliza   *beating*
la gasa   *gauze*
el collar   *necklace*
el arranque   *fit*
el pendiente   *earring*
el abalorio   *glass bead*
el mendigo   *beggar*
el llanto   *crying, sob*

Verbos

rehacerse   *to pull oneself together, get over something*
enderezarse   *to straighten up*
traquetear   *to clatter*
molestar   *to bother*
parecerse   *to look like*
reírse   *to laugh*
entornar   *to half close*
disculparse   *to excuse, pardon*
ruborizarse   *to blush*
aborrecer   *to detest*

volverse   *to become*
evocar   *to evoke, recall*
convidar   *to invite*

Adjetivos

duro(a)   *hard*
atestado(a)   *packed*
seco(a)   *dry*
placentero(a)   *pleasant*
marchito(a)   *faded*
entumecido(a)   *numb*
asombrado(a)   *amazed*
flaco(a)   *thin, skinny*
oxigenado(a)   *bleached*
cálido(a)   *hot*
zafio(a)   *coarse, rough*
halagado(a)   *flattered*
mimado(a)   *spoiled, pampered*
celoso(a)   *jealous*
escarado(a)   *shameless*
embobado(a)   *fascinated*
estrafalario(a)   *outlandish, eccentric*
barato(a)   *cheap*
necio(a)   *stupid*
desgarrador(a)   *heartbreaking*

Expresiones

como quien dice   *as they say*
como comprenderá   *as you can imagine*
al fin y al cabo   *after all*
a la vez   *at the same time*
no cabía duda   *there was no doubt*

A. From the list above find the antonyms for each of the following words.

1. duro	5. seco	9. flaco
2. molestar	6. descarado	10. aborrecer
3. atestado	7. marchito	11. barato
4. disculparse	8. reírse	12. ruborizarse

B. Find the word or expression from the list above that best fits each definition.

1. los pelos que hay en el borde de los párpados, para defensa de los ojos

2. pedir excusas o perdón por algo

3. una persona que vende carne

4. invitar a una persona a comer o a una función

5. persona que normalmente pide limosna en la calle

6. detestar a una persona o cosa

7. lugar público donde se ofrecen comidas y hospedaje

8. cuentecilla de vidrio agujereada para hacer adornos y collares

9. mancha oscura alrededor de la base del párpado inferior de los ojos

10. ser similar o semejante a alguien

C. Temas de orientación

1. ¿Por qué cree Ud. que algunas personas se inventan una vida diferente a la que verdaderamente tienen?

2. Muchas mujeres abandonan sus aspiraciones, sus ideales, en la vida para casarse. ¿Por qué cree que ocurre esto?

3. En su opinión, ¿por qué permanecen algunas mujeres en un matrimonio que no es feliz?

4. ¿Ha conocido a alguien que mienta sobre su vida «y su familia» para embellecer su pasado? Explique su respuesta.

5. ¿Se ha sentido alguna vez solo(a) y que nadie le comprende? Explique su respuesta.

Rosamunda

Estaba amaneciendo, al fin. El departamento de tercera clase olía a cansancio, a tabaco y a botas de soldado. Ahora se salía de la noche como de un gran túnel y se podía ver a la gente acurrucada[1], dormidos hombres y mujeres en sus asientos duros. Era aquel un incómodo vagón-tranvía, con el pasillo[2] atestado de cestas y maletas. Por las ventanillas se veía el campo y la raya plateada del mar. 5

Rosamunda se despertó. Todavía se hizo una ilusión placentera al ver la luz entre sus pestañas semicerradas. Luego comprobó que su cabeza colgaba hacia atrás, apoyada en el respaldo del asiento y que tenía la boca seca[3] de llevarla abierta. Se rehizo, enderezándose. Le 10 dolía el cuello —su largo cuello marchito—. Echó una mirada a su alrededor y se sintió aliviada al ver que dormían sus compañeros de viaje. Sintió ganas de estirar las piernas entumecidas —el tren traqueteaba, pitaba—. Salió con grandes precauciones, para no despertar, para no molestar, con "pasos de hada" —pensó—, hasta la plataforma. 15

El día era glorioso. Apenas se notaba el frío del amanecer. Se veía el mar entre naranjos[4]. Ella se quedó como hipnotizada por el profundo verde de los árboles, por el claro horizonte de agua.

—"Los odiados, los odiados naranjos... Las odiadas palmeras[5]... El maravilloso mar..." 20

—¿Qué decía usted?

A su lado estaba un soldadillo. Un muchachito pálido. Parecía bien educado. Se parecía[6] a su hijo. A un hijo suyo que se había muerto. No al que vivía; al que vivía, no, de ninguna manera.

—No sé si será usted capaz de entenderme— dijo ella, con cierta 25 altivez[7]—. Estaba recordando unos versos[8] míos. Pero si usted quiere, no tengo inconveniente en recitar...

El muchacho estaba asombrado. Veía a una mujer ya mayor, flaca, con profundas ojeras[9]. El cabello oxigenado[10], el traje de color verde, muy viejo. Los pies calzados en unas viejas zapatillas de baile..., sí, unas 30 asombrosas zapatillas de baile, color de plata, y en el pelo una cinta

---

[1] **acurrucada**   curled up
[2] **pasillo**   hallway
[3] **seca**   dry
[4] **naranjos**   orange trees
[5] **palmeras**   palm trees

[6] **parecía**   he resembled
[7] **altivez**   pride
[8] **versos**   lines of poetry
[9] **ojeras**   bags under her eyes
[10] **el cabello oxigenado**   bleached hair

plateada también, atada con un lacito[11]... Hacía mucho que él la observaba.

—¿Qué decide usted? —preguntó Rosamunda, impaciente—.
35 ¿Le gusta o no oír recitar?

—Sí, a mí...

El muchacho no se reía porque le daba pena[12] mirarla. Quizá más tarde se reiría[13]. Además, él tenía interés porque era joven, curioso. Había visto pocas cosas en su vida y deseaba conocer más. Aquello era
40 una aventura. Miró a Rosamunda y la vio soñadora. Entornaba los ojos azules. Miraba al mar.

—¡Qué difícil es la vida!

Aquella mujer era asombrosa. Ahora había dicho esto con los ojos llenos de lágrimas.

45 Si usted supiera[14], joven... Si usted supiera lo que este amanecer significa para mí me disculparía[15]. Este correr hacia el Sur. Otra vez hacia el Sur... Otra vez a mi casa. Otra vez a sentir ese ahogo[16] de mi patio cerrado, de la incomprensión de mi esposo... No se sonría usted, hijo mío; usted no sabe nada de lo que puede ser la
50 vida de una mujer como yo. Este tormento infinito... Usted dirá que por qué le cuento todo esto, por qué tengo ganas de hacer confidencias, yo, que soy por naturaleza reservada... Pues, porque ahora mismo, al hablarle, me he dado cuenta de que tiene usted corazón y sentimiento y porque esto es mi confesión. Porque, después
55 de usted, me espera, como quien dice[17], la tumba... El no poder hablar ya a ningún ser humano..., a ningún ser humano que me entienda.

Se calló, cansada, quizá, por un momento. El tren corría, corría... el aire se iba haciendo cálido, dorado. Amenazaba un día terrible de calor.

—Voy a empezar a usted mi historia, pues creo que le interesa... Sí.
60 Figúrese usted una joven rubia, de grandes ojos azules, una joven apasionada por el arte... De nombre Rosamunda... Rosamunda ¿ha oído?... Digo que si ha oído mi nombre y qué le parece.

El soldado se ruborizó[18] ante el tono imperioso.

—Me parece bien... bien.

65 —Rosamunda... —continuó ella, un poco valiente.

---

[11] **lacito**   little bow
[12] **le daba pena**   it made him sad
[13] **reiría**   he would laugh
[14] **supiera**   knew

[15] **disculparía**   to forgive
[16] **ahogo**   oppression
[17] **como quien dice**   as they say
[18] **ruborizó**   blushed

Su verdadero nombre era Felisa; pero, no se sabe por qué, lo aborrecía[19]. En su interior siempre había sido Rosamunda, desde los tiempos de su adolescencia. Aquel Rosamunda se había convertido en la fórmula mágica que la salvaba de la estrechez de su casa, de la monotonía de sus horas; aquel Rosamunda convirtió al novio zafio y colorado[20] en un príncipe de leyenda. Rosamunda era para ella un nombre amado, de calidades exquisitas... Pero, ¿para qué explicar al joven tantas cosas?

—Rosamunda tenía un gran talento dramático. Llegó a actuar con éxito brillante. Además, era poetisa. Tuvo ya cierta fama desde su juventud... Imagínese, casi una niña, halagada, mimada[21] por la vida y, de pronto, una catástrofe[22]... El amor... ¿Le he dicho a usted que era ella famosa? Tenía dieciséis años apenas[23], pero la rodeaban por todas partes los admiradores. En uno de los recitales de poesía, vio al hombre que causó su ruina. A... A mi marido, pues Rosamunda, como usted comprenderá [24], soy yo. Me casé sin saber lo que hacía, con un hombre brutal, sórdido y celoso[25]. Me tuvo encerrada años y años. ¡Yo!... Aquella mariposa de oro que era yo... ¿Entiende?

(Sí, se había casado, si no a los dieciséis años, a los veintitrés; pero ¡al fin y al cabo[26]!... Y era verdad que le había conocido un día que recitó versos suyos en casa de una amiga. Él era carnicero[27]. Pero, a este muchacho, ¿se le podían contar las cosas así? Lo cierto era aquel sufrimiento suyo, de tantos años. No había podido ni recitar un solo verso, ni aludir[28] a sus pasados éxitos —éxitos quizás inventados, ya que no se acordaba bien; pero... —Su mismo hijo solía decirle que se volvería loca de pensar y llorar tanto. Era peor[29] esto que las palizas[30] y los gritos de él cuando llegaba borracho. No tuvo a nadie más que al hijo aquel, porque las hijas fueron descaradas y necias[31], y se reían[32] de ella, y el otro hijo, igual que su marido, había intentado encerrarla.)

—Tuve un hijo único. Un solo hijo. ¿Se da cuenta[33]? Le puse Florisel... Crecía delgadito, pálido, así como usted. Por eso quizá le cuento a usted estas cosas. Yo le contaba mi magnífica vida interior.

---

[19] **lo aborrecía**   she detested it
[20] **zafio y colorado**   coarse and ruddy
[21] **halagada, mimada por la vida** flattered, spoiled by life
[22] **catástrofe**   disaster
[23] **apenas**   hardly
[24] **como usted comprenderá**   as you can imagine
[25] **celoso**   jealous

[26] **al fin y al cabo**   after all
[27] **carnicero**   butcher
[28] **aludir**   refer to
[29] **peor**   worse
[30] **palizas**   beatings
[31] **descaradas y necias**   shameless and stupid
[32] **reían**   laughed at
[33] **¿Se da cuenta?**   Do you understand?

Sólo él sabía que conservaba un traje de gasa[34], todos mis collares[35]... Y él me escuchaba, me escuchaba... como usted ahora, embobado[36].

Rosamunda sonrió. Sí, el joven la escuchaba absorto[37].

100 —Este hijo se me murió. Yo no lo pude resistir... Él era el único que me ataba a aquella casa. Tuve un arranque, cogí mis maletas y me volví a la gran ciudad de mi juventud y de mis éxitos... ¡Ay! He pasado unos días maravillosos y amargos. Fui acogida con entusiasmo, aclamada de nuevo por el público, de nuevo adorada... ¿Comprende mi 105 tragedia? Porque mi marido, al enterarse[38] de esto, empezó a escribirme cartas tristes y desgarradoras: no podía vivir sin mí. No puede, el pobre. Además es el padre de Florisel, y el recuerdo del hijo perdido estaba en el fondo[39] de todos mis triunfos, amargándome.

El muchacho veía animarse[40] por momentos a aquella figura 110 flaca y estrafalaria que era la mujer. Habló mucho. Evocó un hotel fantástico, el lujo derrochado[41] en el teatro el día de su "reaparición", evocó ovaciones delirantes y su propia figura, una figura de "sílfide[42] cansada," recibiéndolas.

—Y, sin embargo, ahora vuelvo a mi deber... Repartí[43] mi fortuna 115 entre los pobres y vuelvo al lado de mi marido como quien va a un sepulcro[44].

Rosamunda volvió a quedarse triste. Sus pendientes[45] eran largos, baratos; la brisa los hacía ondular... Se sintió desdichada, muy «gran dama»... Había olvidado aquellos terribles días sin pan en la ciu-120 dad grande. Las burlas de sus amistades ante su traje de gasa, sus abalorios[46] y sus proyectos fantásticos. Había olvidado aquel largo comedor con mesas de pino cepillado[47], donde había comido el pan de los pobres entre mendigos de broncas toses[48]. Sus llantos[49], su terror en el absoluto desamparo de tantas horas en que hasta los insultos de 125 su marido había echado de menos[50]. Sus besos a aquella carta del marido en que, en su estilo hosco y autoritario a la vez, recordando al hijo muerto, le pedía perdón y la perdonaba.

---

[34] **gasa** gauze
[35] **collares** necklaces
[36] **embobado** fascinated
[37] **absorto** engrossed
[38] **al enterarse** upon finding out
[39] **fondo** background
[40] **animarse** to brighten up
[41] **derrochado** squandered
[42] **sílfide** sylph
[43] **repartí** I divided

[44] **sepulcro** tomb
[45] **pendientes** earrings
[46] **abalorios** glass beads
[47] **mesas de pino cepillado** planed pine tables
[48] **entre mendigos de broncas toses** among the hoarse coughs of beggars
[49] **llantos** sobs
[50] **había echado de menos** missed

El soldado se quedó mirándola. ¡Qué tipo más raro, Dios mío! No cabía duda[51] de que estaba loca la pobre... Ahora ella le sonreía... Le faltaban dos dientes.

El tren se iba deteniendo[52] en una estación del camino. Era la hora del desayuno, de la fonda[53] de la estación venía un olor apetitoso... Rosamunda miraba hacia los vendedores de rosquillas[54].

—¿Me permite usted convidarla[55], señora?

En la mente del soldadito empezaba a insinuarse una divertida historia. ¿Y si contara a sus amigos que se había encontrado en el tren una mujer estupenda y que...?

—¿Convidarme? Muy bien, joven... Quizá sea la última persona que me convide... Y no me trate con tanto respeto, por favor. Puede usted llamarme Rosamunda... No he de enfadarme por eso.

130

135

140

Después de leer

A. Comprensión inmediata Indicate whether the following statements are true or false. If a statement is false, explain why and give the correct answer.

1. Rosamunda viaja en el tren con el soldado, su hijo Florisel y su esposo.

2. Viaja a Madrid a visitar a su madre enferma.

3. Rosamunda debe tener veintitrés años.

4. El soldado observó que Rosamunda era una mujer joven y elegante.

5. Rosamunda tuvo mucho éxito en el teatro de la gran ciudad.

6. El marido le escribe una carta rogándole que regrese.

7. Rosamunda se había casado a los dieciséis años.

8. Rosamunda no había tenido hijas con su marido.

9. Florisel, su hijo favorito, había muerto.

10. El soldado invita a Rosamunda a rosquillas porque se ha enamorado de ella.

---

[51] **no cabía duda**   there was no doubt
[52] **se iba deteniendo**   slowed down
[53] **fonda**   restaurant
[54] **rosquillas**   type of doughnut
[55] **convidarla**   invite you

B. Cuestionario

1. ¿A qué hora del día tiene lugar el relato?
2. ¿Qué tipo de tren es el que se describe?
3. ¿Qué personajes van en el tren?
4. ¿Cómo se describe el día?
5. ¿Cómo es Rosamunda?
6. ¿A quién le recordaba el soldado a Rosamunda? ¿Por qué?
7. ¿Cómo es el esposo de Rosamunda?
8. ¿Por qué dice Rosamunda que sólo tuvo un hijo, si en verdad tuvo varios?
9. ¿Cuál fue la causa por la que Rosamunda dejó su casa y su marido?
10. ¿Por qué regresa Rosamunda a su casa, al lado de su marido?

C. Discusión y opiniones

1. ¿Qué opina de la historia que cuenta Rosamunda al soldado? ¿Cree que es cierta o que ha sido inventada en su totalidad por ella? Explique.
2. Si Ud. estuviera en la situación de Rosamunda, ¿que haría?
3. En su opinión, ¿por qué cree que el soldado escucha atentamente a Rosamunda y la invita a tomar algo?
4. En su opinión, ¿por qué motivos permanen algunas personas en un matrimonio donde no hay amor? Explique su respuesta.
5. ¿Por qué cree que fracasó el matrimonio de Rosamunda? Explique su respuesta.

D. Repaso gramatical (presente de subjuntivo) Taking into account the plot of the story, make sentences in response to the following statements, using the expressions below and the present or imperfect of the subjunctive.

no es cierto	dudo	no es verdad	no creo
es imposible	es una lástima	es posible	es necesario

1. Rosamunda viaja con todos sus hijos de regreso a casa.
2. La pobre mujer es una cantante famosa.
3. El soldado piensa que la mujer es muy joven y atractiva.
4. El marido de Rosamunda es un hombre rico y muy educado.
5. Rosamunda tiene ropas muy elegantes y sofisticadas.
6. Rosamunda regresa con su marido para poder sobrevivir.
7. La mujer está contenta de hablar con el soldado.
8. Rosamunda regresa a su casa porque quiere a su marido.

12

Con los ojos cerrados

Reinaldo Arenas

Reinaldo Arenas (1943–1990) was born in rural poverty in the town of Holguín, in eastern Cuba. Soon after he was born his father abandoned him and his mother. His childhood can only be described as wretched and harsh. As an idealistic teenager, he joined the revolutionary forces of Fidel Castro and fought against the dictatorial government of Batista. Arenas studied at the Faculty of Letters at the Universidad de la Havana philosophy and literature without completing his degree. Later, in 1963, he worked in the José Martí National Library. In 1967 his first novel, *Celestino antes del Alba* (*Singing from the Well*), was published and in 1969 it won the Prix Medici in France. This was the only novel that Arenas published in Cuba. In the mid-1960s he turned away from Castro and paid the price by being censored and declared an anti-revolutionary. No longer permitted to publish in Cuba, he secretly sent his manuscripts abroad.

In 1973 he was arrested, after being accused of sexual molestation, and sent to prison. He was convicted as a homosexual and for publishing abroad without official consent. He escaped from prison and made multiple failed attempts to flee Cuba. In 1980, he managed to leave the island (by changing his name on his passport) when Castro allowed a mass exodus of 120,000 unwanted Cubans to leave from the port of Mariel.

In United States, with his newly found freedom, he began to write prodigiously. He was mainly a novelist but also wrote short stories, essays, poetry, dramatic pieces, and newspaper articles.

Arenas was diagnosed with AIDS in 1987. During this time he wrote his autobiography *Before Night Falls*, which was on the *New York Times*'s list of the ten best books of 1993 and was made into a film in 2000. In 1990, suffering from AIDS and too sick to write, Arenas killed himself by taking an overdose of drugs and alcohol. In a farewell letter Arenas sent to a Miami newspaper he made it clear that his decision to end his life should not be interpreted as a defeat: "My message is not a message of failure, but rather one of struggle and hope. Cuba will be free, I already am."

Arenas was a prolific writer whose published work is probably a small part of what he wrote. Some of his work was confiscated and destroyed by the Cuban police. His fiction includes: *Celestino antes del alba* (*Singing from the Well*, 1967), *El mundo alucinante* (1969), *Otra vez el mar* (*Farewell to the Sea*, 1982), *Viaje a la Habana* (*Trip to Havana*, 1990), *El color del verano* (*The Color of the Summer*, 1991), and his autobiography *Antes que anochezca* (*Before Night Falls*, 1992). "*Con los ojos cerrados*" is included in his collection of short stories *Con los ojos cerrados* (*With Closed Eyes*), which appeared in Uruguay in 1972 and was later published again in *Termina el desfile* (1981).

Antes de leer

Vocabulario

Sustantivos

el consejo   *advice*
la fila   *line*
el timbre   *bell*
la olla   *pot*
el colador   *strainer*
el abrazo   *hug*
la acera   *sidewalk*
la dulcería   *sweetshop*
la viejita   *little old lady*
el vestido   *dress*

Verbos

regañar   *to scold*
advertir   *to warn*
despertarse   *to wake up, wake oneself up*
sonreír   *to smile*
tropezarse   *to run into*
comprobar   *to verify*

arrollar   *to run over*
gastar   *to spend*
acosar   *to harass*
adivinar   *to guess*
nadar   *to swim*
darse cuenta   *to realize*
quejarse   *to complain*
despedir   *to say goodbye*

Adjetivos

fresco(a)   *fresh, cool*
sabroso(a)   *delicious*
arrugado(a)   *wrinkled*
pícaro(a)   *mischievous*
estrecho(a)   *feeble, narrow*
amarillento(a)   *yellowish*
colorado(a)   *red*
rojizo(a)   *reddish*
morado(a)   *purple*

Expresiones

Dios te haga un santo   *May God make you a saint*

de tan alta que es   *being as tall as she is*

no quedar más remedio   *to have no other choice*

vaya...   *what a...*

A. From the list above choose the correct word or expression that means the same as the underlined words or expressions. Make any necessary changes.

1. Los platos que sirvieron en la cena de anoche eran <u>suculentos</u>.

2. Como no estaban los profesores los pequeños <u>granujas</u> hicieron muchas travesuras.

3. La abuelita de mi amigo Juan tenía la cara muy <u>ajada</u> porque había tenido una vida muy dura.

4. Antes de firmar el documento, mi madre <u>verificó</u> que todo era correcto.

5. <u>No tuve otra alternativa</u> que decirle la verdad sobre lo ocurrido.

6. El padre de Jaime le <u>riñó</u> cuando no hizo la tarea.

7. Como no prestó atención <u>se chocó</u> con un carrito que estaba en la calle.

8. Tuvo que <u>desembolsar</u> mucho dinero para comprar ese coche.

9. María <u>pronosticó</u> que su hermana iba a tener tres hijos y fue verdad.

B. Using the vocabulary list, find the antonyms for each of the following words.

1. contentarse
2. liso
3. recibir
4. insípido
5. elogiar
6. errar
7. liberar
8. marchito
9. ahorrar
10. dormir

C. Temas de orientación

1. ¿Le es difícil a Ud. levantarse temprano para ir a clase?

2. ¿Suele recordar sus sueños? ¿Cuál ha sido el sueño más extraño que ha tenido?

3. ¿Ha cerrado alguna vez los ojos para soñar o imaginar alguna situación?

4. ¿Tenía mucha imaginación cuándo era Ud. niño(a)? ¿En qué juegos de su niñez usaba la fantasía?

5. ¿Cree que los recuerdos que tenemos de la infancia se basan en hechos reales o simplemente una interpretación selectiva de lo que pasó?

Con los ojos cerrados

A usted sí se lo voy a decir, porque sé que si se lo cuento a usted no se me va a reír en la cara ni me va a regañar[1]. Pero a mi mamá, no. A mamá no le diré nada, porque, de hacerlo, no dejaría de pelearme y de regañarme. Y, aunque es casi seguro que ella tendría toda la razón, no quiero oír ningún consejo ni advertencia[2]. Porque no me gustan los consejos ni las advertencias.

Por eso. Porque sé que usted no me va a decir nada, se lo digo todo.

Ya que solamente tengo ocho años, voy todos los días a la escuela. Y aquí empieza la tragedia, pues debo levantarme bien temprano —cuando el pigmeo[3] que me regaló la tía Grande Ángela sólo ha dado dos voces[4]—, porque la escuela está bastante lejos.

A eso de las seis de la mañana empieza mamá a pelearme para que me levante, y ya a las siete estoy sentado en la cama y estrujándome los ojos[5]. Entonces todo lo demás tengo que hacerlo corriendo: ponerme la ropa corriendo, llegar corriendo hasta la escuela y entrar corriendo en la fila[6], pues ya han tocado el timbre[7] y la maestra está parada[8] en la puerta. Pero ayer fue diferente, ya que la tía Grande Ángela debía irse para Oriente y tenía que coger el tren antes de las siete. Y se formó un alboroto[9] enorme en la casa, pues todos los vecinos vinieron a despedirla y mamá se puso tan nerviosa que se le cayó la olla[10] llena de agua hirviendo[11] en el piso cuando iba a echar el agua en el colador[12] para hacer el café, y se le quemó un pie.

---

[1] **regañar** to scold
[2] **advertencia** warning
[3] **pigmeo** a small rooster
[4] **sólo ha dado dos voces** has only crowed twice
[5] **estrujándome los ojos** rubbing my eyes
[6] **fila** line

[7] **timbre** bell
[8] **parada** standing
[9] **alboroto** uproar
[10] **olla** pot
[11] **hirviendo** boiling
[12] **colador** strainer

Con aquel escándalo tan insoportable no me quedó más remedio[13] que despertarme. Y ya que estaba despierto, pues me decidí a
25 levantarme.

La tía Grande Ángela, después de muchos besos y abrazos[14],
pudo marcharse. Y yo salí en seguida para la escuela, a pesar de que
todavía era bastante temprano.

Hoy no tengo que ir corriendo, me dije casi sonriente. Y eché a
30 andar, bastante despacio por cierto. Y cuando fui a cruzar la calle me
tropecé[15] con un gato que estaba acostado en el contén de la acera[16].
¡Vaya[17] lugar que escogiste para dormir!, —le dije—, y lo toqué con la
punta[18] del pie, pero no se movió. Entonces me agaché[19] junto a él y
pude comprobar[20] que estaba muerto. El pobre, pensé, seguramente lo
35 arrolló alguna máquina y alguien lo tiró en ese rincón[21] para que no lo
siguieran aplastando[22]. Qué lástima, porque es un gato grande y de
color amarillo que seguramente no tendría ningún deseo de morirse.
Pero bueno: ya no tiene remedio. Y seguí andando.

Como todavía era temprano, me llegué hasta la dulcería[23], porque
40 aunque está un poco lejos de la escuela, hay siempre dulces[24] frescos
y sabrosos. En esta dulcería hay también dos viejitas de pie en la
entrada con una jaba[25] cada una y las manos extendidas, pidiendo
limosnas[26]... Un día yo le di un medio[27] a cada una y las dos me
dijeron al mismo tiempo: "Dios te haga un santo." Eso me dio mucha
45 risa y cogí y volví a poner otros dos medios entre aquellas dos manitas
tan arrugadas y pecosas[28]. Y ellas volvieron a repetir "Dios te haga un
santo," pero ya no tenía tantas ganas de reírme. Y desde entonces, cada
vez que paso por allí, ellas me miran con sus caras de pasas pícaras[29]
y no me queda más remedio que darles un medio a cada una. Pero ayer
50 sí que no podía darles nada, ya que hasta la peseta[30] de la merienda[31]
la gasté en tortas de chocolate. Y por eso salí por la puerta de atrás,
para que las viejitas no me vieran.

---

[13] **no me quedó más remedio** I had no
choice
[14] **abrazos** hugs
[15] **me tropecé** I ran into
[16] **con el contén de la acera** on the curb
[17] **Vaya** what a
[18] **punta** tip
[19] **me agaché** I squatted down
[20] **comprobar** verify
[21] **lo arrolló alguna máquina y alguien lo
tiró en ese rincón** run over by car (Cuba)
and someone threw him in that corner

[22] **aplastando** squashing it
[23] **dulcería** pastry shop
[24] **dulces** pastries
[25] **jaba** paper bag (Cuba)
[26] **limosnas** alms
[27] **un medio** a coin (*cinco centavos*, Cuba)
[28] **dos manitas arrugadas y pecosas** two
wrinkled and freckled little hands
[29] **pasas pícaras** mischievous raisins
[30] **peseta** a coin (*veinte centavos*, Cuba)
[31] **merienda** snack

Ya sólo me faltaba cruzar el puente, caminar dos cuadras y llegar a la escuela.

En el puente me paré un momento porque sentí una algarabía[32] enorme allá abajo, en la orilla del río[33]. Me arreguindé a la baranda[34] y miré: un coro de muchachos de todos los tamaños tenía acorralada[35] a una rata de agua en un rincón y la acosaban entre gritos y pedradas[36]. La rata corría de un extremo a otro del rincón, pero no tenía escapatoria y soltaba unos chillidos[37] estrechos y desesperados. Por fin, uno de los muchachos cogió una vara[38] de bambú y golpeó con fuerza sobre el lomo de la rata, reventándola[39]. Entonces todos los demás corrieron hasta donde estaba el animal y tomándolo entre saltos de entusiasmo y gritos de triunfo, la arrojaron hasta el centro del río. Pero la rata muerta no se hundió[40]. Siguió flotando bocarriba[41] hasta perderse en la corriente.

Los muchachos se fueron con la algarabía hasta otro rincón del río. Y yo también eché a andar.

Caramba —me dije—, qué fácil es caminar sobre el puente. Se puede hacer hasta con los ojos cerrados pues a un lado tenemos las rejas[42] que no lo dejan a uno caer en el agua, y del otro, el contén de la acera, que nos avisa[43] antes de que pisemos[44] la calle. Y para comprobarlo cerré los ojos y seguí caminando. Al principio me sujetaba[45] con una mano de la baranda del puente, pero luego ya no fue necesario. Y seguí caminando con los ojos cerrados. Y no se lo vaya usted a decir a mi madre, pero con los ojos cerrados uno ve muchas cosas, y hasta mejor que si los lleváramos abiertos... Lo primero que vi fue una gran nube amarillenta que brillaba unas veces más fuerte que otras, igual que el sol cuando se va cayendo entre los árboles. Entonces apreté los párpados[46] bien duro y la nube rojiza[47] se volvió de color azul. Pero no sólo azul, sino verde. Verde y morada. Morada brillante, como si

---

[32] **algarabía**   commotion
[33] **orilla del río**   riverbank
[34] **arreguindé a la baranda**   I pushed myself up on the railing
[35] **acorralada**   cornered
[36] **la acosaban entre gritos y pedradas** they harassed the rat by screaming and throwing stones
[37] **chillidos**   squeaks
[38] **vara**   rod

[39] **sobre el lomo de la rata, reventándola** on the rat's back, crushing it
[40] **no se hundió**   didn't sink
[41] **bocarriba**   face-up
[42] **rejas**   bars
[43] **avisa**   warns
[44] **pisemos**   to walk into
[45] **me sujetaba**   I held onto
[46] **apreté los párpados**   I shut my eyes
[47] **rojiza**   reddish

fuese un arco iris[48] de esos que salen cuando ha llovido mucho y la tierra está casi ahogada[49]

85   Y, con los ojos cerrados, me puse a pensar en las calles y en las cosas; sin dejar de andar. Y vi a mi tía Grande Ángela saliendo de la casa. Pero no con el vestido de bolas[50] rojas que es el que siempre se pone cuando va para Oriente, sino con un vestido largo y blanco. Y de tan alta que es, parecía un palo de teléfono[51] envuelto en una sábana[52]. Pero se veía bien.

90   Seguí andando. Y me tropecé de nuevo con el gato en el contén. Pero esta vez, cuando lo rocé con la punta del pie, dio un salto y salió corriendo. Salió corriendo el gato amarillo brillante porque estaba vivo y se asustó cuando lo desperté. Y yo me reí muchísimo cuando lo vi desaparecer, desmandado[53] y con el lomo erizado[54] que parecía que
95   iba a soltar chispas[55].

Y seguí caminando, con los ojos desde luego bien cerrados. Y así fue como llegué de nuevo a la dulcería. Pero como no podía comprarme ningún dulce, pues ya me había gastado hasta la última peseta de la merienda, me conformé con mirarlos a través de la vidriera[56]. Y
100   estaba así, mirándolos, cuando oigo dos voces detrás del mostrador que me dicen: "¿No quieres comerte algún dulce?" Y cuando alcé[57] la cabeza vi con sorpresa que las dependientas[58] eran las dos viejitas que siempre estaban pidiendo limosnas a la entrada de la dulcería. No supe qué decir. Pero ellas parece que adivinaron[59] mis deseos y sacaron,
105   sonrientes, una torta grande y casi colorada hecha de chocolate y almendras[60]. Y me la pusieron en las manos.

Yo me volví loco de alegría con aquella torta grande. Y salí a la calle.

Cuando iba por el puente con la torta entre las manos, oí de nuevo
110   el escándalo de los muchachos. Y (con los ojos cerrados) me asomé[61] por la baranda del puente y los vi allá abajo, nadando apresurados[62] hasta el centro del río para salvar una rata de agua, pues la pobre parece que estaba enferma y no podía nadar. Los muchachos sacaron la rata

---

[48] **arco iris**   rainbow
[49] **ahogada**   drenched
[50] **vestido de bolas**   polka-dot dress
[51] **palo de teléfono**   telephone pole
[52] **sábana**   sheet
[53] **desmandado**   uncontrollable
[54] **con el lomo erizado**   with its hair standing on end

[55] **chispas**   sparks
[56] **vidriera**   shop window
[57] **alcé**   I raised
[58] **dependientas**   clerks
[59] **adivinaron**   guessed
[60] **almendras**   almonds
[61] **me asomé**   I looked out
[62] **apresurados**   hurriedly

temblorosa[63] del agua y la depositaron sobre una piedra del arenal[64] para que se oreara[65] con el sol. Entonces los fui a llamar para que 115 vinieran hasta donde yo estaba y comernos todos juntos la torta de chocolate, pues, después de todo, yo sólo no iba a poder comerme aquella torta tan grande.

Palabra[66] que los iba a llamar. Y hasta levanté las manos con la torta y todo encima para que la vieran y no fueran a creer que era men- 120 tira lo que les iba a decir, y vinieran corriendo. Pero entonces, "puch"[67], me pasó el camión[68] casi por arriba en medio de la calle que era donde, sin darme cuenta, me había parado.

Y aquí me ve usted: con las piernas blancas por el esparadrapo y el yeso[69]. Tan blancas como las paredes de este cuarto, donde sólo 125 entran mujeres vestidas de blanco para darme un pinchazo o una pastilla[70], desde luego blanca.

Y no crea que lo que le he contado es mentira. No vaya a pensar que porque tengo un poco de fiebre y a cada rato me quejo[71] del dolor en las piernas, estoy diciendo mentiras, porque no es así. Y si usted 130 quiere comprobar si fue verdad, vaya al puente; que seguramente debe estar todavía, toda desparramada[72] sobre el asfalto[73], la torta grande y casi colorada, hecha de chocolate y almendras que me regalaron son-rientes las dos viejecitas de la dulcería.

Después de leer

A. **Comprensión inmediata** Explain whether the following statements are true or false according to the story. If they are false, explain why and give the correct answer.

1. El niño no le cuenta la historia a su madre por miedo a que le regañe.

2. Al niño le encanta levantarse temprano todos los días.

---

[63] **temblorosa**   trembling
[64] **piedra del arenal**   sandy area
[65] **se oreara**   it would dry out
[66] **palabra**   word of honor
[67] **puch**   zap
[68] **me pasó el camión**   the truck run me over

[69] **esparadrapo y el yeso**   surgical tape and plaster cast
[70] **pinchazo o una pastilla**   a prick or a pill
[71] **me quejo**   I complain
[72] **desparramada**   spread out
[73] **asfalto**   pavement

3. El día que se marcha su tía de viaje el niño puede levantarse más tarde.

4. El gato que se encontró de camino a la escuela estaba muerto.

5. Las viejitas que estaban delante de la dulcería le dieron al niño varios dulces.

6. Junto al río vio a un grupo de muchachos dando golpes a una rata.

7. El niño camina con los ojos cerrados porque le da miedo pasar por el puente.

8. Cuando el niño tiene los ojos cerrados puede ver al gato vivo.

9. Las viejitas son las dependientas de la tienda desde que eran jóvenes.

10. Por llevar los ojos cerrados y no ver lo que pasaba alrededor, un camión arrolló al niño.

B. Cuestionario

1. ¿Por qué no quiere el niño contarle su historia a su madre?

2. ¿Por qué había tanto alboroto en la casa?

3. ¿Qué le pasó a la madre del niño cuando se puso nerviosa?

4. ¿Qué se encontró el niño en su camino a la escuela? ¿Cómo se sentía el niño al ver el animal?

5. ¿Por qué estaban las dos viejitas en la puerta de la dulcería?

6. ¿Qué ve el niño desde el puente?

7. ¿Por qué decide el niño cerrar los ojos?

8. Mientras está con los ojos cerrados, ¿quiénes son las dependientas de la dulcería? ¿Qué le dan?

9. ¿Por qué quiere el niño llamar a los muchachos que están nadando en el río?

10. ¿Qué ocurre con el niño al final del cuento?

C. Discusión y opiniones

1. En este cuento observamos que el niño cuando cierra sus ojos cambia su triste realidad por otra más bella. ¿Cree Ud. que es mejor enfrentarse a la realidad o alejarse de ella?

2. Si pudiera transformar algunos aspectos de su vida que no le gustan, ¿qué cambiaría?

3. ¿Qué opinión le merece el niño basándose en los detalles que puede obtener de su relato?

4. ¿Cómo interpreta la frase: «Con los ojos cerrados uno ve muchas cosas, y hasta mejor que si los lleváramos abiertos»?

5. ¿Cómo interpreta el accidente del niño al final del cuento?

6. ¿Qué significado tiene el decir que una persona va por la vida «con los ojos cerrados»? Explique su respuesta.

7. ¿Cuál es el mensaje principal de este cuento?

D. Repaso gramatical (el imperfecto de subjuntivo) Keeping the plot of the story in mind, complete the following sentences by supplying the imperfect form of the verbs in parentheses.

1. No era posible que mamá no (estar) _____ nerviosa.

2. La tía me pidió que le (dar) _____ un beso y un abrazo.

3. ¡Qué lástima que el gato (ser) _____ a morirse!

4. Era importante que yo (comprar) _____ dulces todos los días.

5. Vi una rata chillando y dudé que (poder) _____ escapar de los chicos.

6. Yo les rogué a los muchachos que (dejar) _____ de acosar a la rata.

7. Me sorprendió mucho que la nube roja (volverse) _____ de color azul.

8. Me reí mucho de que el gato (salir) _____ corriendo.

9. Las viejitas me pidieron que me (comer) _____ un dulce.

10. Llamé a los muchachos para que ellos (compartir) _____ conmigo la torta de chocolate.

Vocabulary

The following abbreviations are used:

adj.	adjective
adv.	adverb
aug.	augmentative
coll.	colloquial
dim.	diminutive
f.	feminine
inf.	infinitive
m.	masculine
past p.	past participle
pl.	plural
prep.	preposition
pres. p.	present participle
sing.	singular

A

a   *prep.* to, on
abalorio   glass bead
abigarrado(a)   multicolored, of mixed colors
abominable   *adj.* abominable
aborrecer   to detest
abrasar   to scorch
abrazo   hug
absorto(a)   engrossed
acceder   to get admittance
acento   accent
acera   sidewalk
acomodarse a   to suit; to fit
acorralado(a)   cornered
acosar   to harass
acunar   to rock

acurrucado(a)   curled up
adelantarse   to go ahead
adherido(a)   attached
adivinar   to guess
adolescente   *m. and f.* adolescent, teenager
advertencia   warning
advertir   to warn
afecto   love, affection
afirmar   to set; to secure
afrentado(a)   affronted, insulted, indignant
agacharse   to duck, to squat down
agazapar   to crouch
agitarse   to become rough (the sea)
agotarse   to become exhausted
agradecer   to thank for, be grateful

agua   water; ~ **de sal**   saltwater
aguafiestas   *sing. and pl.* spoilsport
ahínco   diligence; **con** ~   eagerly
ahogado(a)   drowned; drenched;
overwhelmed
ahogo   oppression
Alá   Allah (Arabic word for God); ~
sabe más   Arabic way of saying
"God knows best"
alarido   shriek
alba   dawn
alboroto   uproar
alcance   *m.* reach
alfombrado(a)   carpeted
algarabía   commotion
algo   something; ~ **así**   something of
that nature
alguien   somebody, someone
alguno(a)   some
alimentar   to feed
allí mismito   *coll.* right there
alma   soul; ~ **en pena**   lost soul
almendra   almond
almuerzo   lunch
altivez   *f.* pride
aludir   refer to
alumno(a)   pupil, student; ~ **bien**
wealthy student
alza   *m.* rise
alzar   to raise
amamantar   to nurse
amanecer   *m.* dawn
amarillento(a)   yellowish
ametralladora   machine gun
anciano(a)   old man (woman)
andar   to walk; **echar a andar**   to
start to walk
ángel   *m.* angel
angustiado(a)   distressed
anhelante   *adj.* eager
animarse   to brighten up
anochecer   *m.* nightfall, dusk
antes   *adv.* before; ~ **de lo acostumbrado**   earlier than usual

antillano(a)   West Indian
apaciaguar   to calm down
apacible   *adj.* calm, mild
aparcería   partnership; contract or
agreement; **una cuestión de** ~**s**
a partnership issue
apartarse   to move over, move away
apenas   hardly
apestado(a)   infected, infected with
the plague
aplastado(a)   flattened
aplastar   to flatten; to squash
aplauso   applause
apoderado(a)   attorney
apoderarse de   to take possession of
apresurado(a)   hurried
apresurarse   to hurry up
apretar   to squeeze; ~ **los párpados**
to shut one's eyes
arco iris   *m.* rainbow
ardiente   *adj.* burning
arenal   sandy area
arrancar   to pull off
arranque   *m.* fit
arrebatar   to seize
arreguindarse   to push oneself
arrellanado(a)   comfortably seated,
stretched out; ~ **en**   comfortably
seated in
arrimarse   to move closer
arrodillarse   to kneel down
arrollar   to run over
arroyo   brook, stream
arrugado(a)   wrinkled
asar   to roast
asentir   to agree
asfalto   pavement
asiento   seat
asistir   to attend
asomarse   to look out
asombrado(a)   amazed
aspereza   roughness
áspero(a)   rough
atar   to tie, fasten

atestado(a)   packed
aula   classroom
aventajado(a)   outstanding
avergonzado(a)   ashamed
avisar   to warn
azul marino   navy blue

B

balcón   *m.* balcony
banqueta   sidewalk (Mexico);
stool
baranda   railing
barato(a)   cheap
barbilla   chin
barriada   neighborhood
barrio   neighborhood; ˜ **bien**
wealthy area or district
barro   mud
batir un récord   to break a record
bendecir   to bless
biberón   *m.* baby bottle
bien   good, well; **ahora** ˜   however
bigote   *m.* mustache
billetera   wallet
boca   mouth; **de** ˜ **en** ˜   from mouth
to mouth
bocanada   puff
bocarriba   *adv.* face-up
bolsillo   pocket
bondadoso(a)   kind
borrar   to erase
borronear   to scribble
brazo   arm; **en** ˜ **s**   in (somebody's)
arms
brillante   *adj.* shining
bronco(a)   harsh, rough
brusco(a)   brusque, abrupt; rough
buche   mouth; rinse of the mouth
buenos (buenos días)   Sometimes
the word *días* is omitted.
buey   *m.* ox
burla   joke; **hacer** ˜ **de**   to make
fun of
burlarse   to make fun

buscar   to search, to look for; ˜ **a
tientas**   groped for, in a fumbling
manner

C

caber   to fit; **no** ˜ **duda**   to be
without doubt
cabeza   head; **sacar a alguien la** ˜
to be taller than somebody else
cachorro   cub
cada uno   each person
caer   to fall
calamitoso(a)   disastrous
cálido(a)   hot
calificar   to have all the necessary
attributes
camión   *m.* bus
camisa   shirt
camiseta   T-shirt; shirt; undershirt;
˜ **patria**   national team jersey
campeón   *m.* champion
caña   reed
cañaveral   *m.* bed of reeds
cara   face; **una** ˜ **de chiste**   a funny
face
cardenal   *m.* cardinal
cárdeno(a)   purple
careta   mask
cargo   charge; **a su** ˜   in charge
cariñoso(a)   affectionate, loving
carnicero(a)   butcher
carrera   race
carros públicos   public bus (car)
system
casa   house; home; **todos los de la** ˜
all the members of the household
casarse   to marry, get married
casilla   box; **saca de las casillas**   to
drive somebody crazy
casona   big house
castigo   punishment
catástrofe   *f.* disaster
celoso(a)   jealous
cepillado(a)   planed; brushed

cerrar   to close; ˜ **con llave**   to lock
cicatrizar   to heal
ciego(a)   blind
cielo   heaven, sky
cierto(a)   certain, true; **por** ˜   by the way
cigarrillo   cigarette
cincuenta   fifty; **los años** ˜   the fifties
circunstancias   circumstances; **poner cara de** ˜   to try to look serious
cita   appointment
cívico(a)   civic
coartada   alibi
cobrar   to charge; to acquire; ˜ **peso y tamaño**   to become more important; ˜ **realidad**   increase the presence
colador   *m.* strainer
colegio   school; ˜ **bien**   prestigious school, usually for the wealthy
collar   *m.* necklace
colonia   city, district, neighborhood
colorado(a)   red; ruddy
comida   meal
como   as; ˜ **comprenderá**   as you can imagine; ˜ **de costumbre**   as usual; ˜ **palillos**   very skinny; ˜ **quien dice**   as they say
cómodo(a)   comfortable
compás   *m.* pair of compasses
compasión   *f.* compassion
competir   to compete
cómplice   *m.* accomplice
compra   shopping; **salir a la** ˜   to go shopping
comprobar   to verify
conceder   to grant
concentrarse   to concentrate
confiar en   to trust
consabido(a)   habitual
consciente   *adj.* conscious; **estar** ˜   to be aware
conseguir   to get; to succeed
consejo   advice

contemplar   to see
convencer   to convince
conveniente   *adj.* convenient
convidar   to invite; to offer
Corea   Korea
coronar   to crown
corre corre   *m.* hustle and bustle
corredor   *m.* hall
corrillo   small group of people
cortés   *adj.* polite
costado   side
cotidiano(a)   daily
cráneo   skull, cranium
crecido(a)   grown up
criar   to bring up, raise
criatura   creature
crío(a)   kid (familiar)
crujiente   *adj.* crackling
cuanto   how much; **en** ˜ **a**   regarding, as for
cuellicorto(a)   with a short neck
cuenta   account; sum; math operation; calculate; **darse** ˜   to understand; to realize
cueste lo que cueste   cost what it may
cuidar   to look after
cuna   cradle
cunita   *dim.* cradle
curtir   to tan (fig.)
cúspide   *f.* top

Ch
chacal   *m.* jackal
charca   pond
charol   *m.* patent leather
chillido   squeak
chiquito   *dim.* kid
chispa   spark
chiste   *m.* joke
chocar con   to run into
cholita   young woman in some Latin American countries; also Bolivia's

native, dark-skinned woman with the two long pony tails, pleated skirts and bowler hat
chorro   stream

D
dañado(a)   damaged, ruined
dañino(a)   harmful
dar   to give; ˜ **a conocer**   to make known, to reveal; ˜ **a entender**   to make from, somebody understand; ˜ **con**   to find; ˜ **ejemplo**   to set an example
darse cuenta   to realize
debajo   under; beneath
debilitarse   to become weak, weaken
declinación   *f.* declining movement; **la ˜ de la tarde**   dusk
deducir   to deduce, infer
degollar   to cut throats
dejar de   to stop
demandar   to demand
demorar   to delay
dentista   *m. and f.* dentist
dependiente(a)   clerk
deprimente   depressing
derrochado(a)   squandered
desafío   challenge
desafortunadamente   unfortunately
desamparo   helplessness
desaparecer   to disappear
desatar   to untie, unfasten
desayunar   to have breakfast; **dar de ˜**   to give breakfast
desbaratarse   ro ruin, wreck
descarado(a)   shameless
descomunal   *adj.* huge, massive
desconcierto   confusion
desconfianza   mistrust
descubrir   to discover
desdicha   misfortune
desenlace   *m.* outcome, result
desesperación   *f.* despair
desgajar   to break away from

desgajarse   to break off; ˜ **línea a línea**   to break away from
desgarrador(a)   heartbreaking
desgraciado(a)   unfortunate
desgranar   to shell
deshacerse de   to get rid of
desilusión   *f.* disappointment
desinteresado(a)   unselfish, selfless
desmandado(a)   uncontrollable; unruly
desnivelado(a)   uneven
desocupado(a)   unoccupied
desolación   *f.* desolation
desolador(a)   distressing
desparramado(a)   spread out
despedir   to say goodbye
despertar   to wake up; ˜ **en alguien**   to arouse in somebody
despertarse   to wake up, wake oneself up
despiadado(a)   relentless
destacar   to stand out
desteñido(a)   discolored
desternillarse   to laugh one's head off
desvalido(a)   defenseless
detenerse   to stop; **irse deteniendo**   to slow down
detenimiento   care; **con ˜**   with care
devorar   to devour
diario   daily newspaper
dicho   *past p.* said, mentioned
digresión   *f.* digression
Dios   God; ˜ **te haga un santo**   May God make you a saint; **si ˜ era servido**   God willing
directo(a)   direct
dirigir   direct; ˜ **unas palabras**   to address
disculpar   to forgive
disculparse   to excuse, pardon
discurso   speech
distante   *adj.* distant
doble   *adj.* double

doloroso(a)   painful
domador   *m.* tamer
duda   doubt; **no cabía ~**   there was no doubt
dulce   *m.* pastry
dulce   *m.* sweet; *adj.* sweet
dulcería   pastry shop
durar   to last
duro(a)   hard

E
echar   to throw; **~ de menos**   to miss
edificio   building
educación física   *f.* physical education
eficaz   *adj.* effective
ejemplar   exemplary
embobado(a)   fascinated
empezar   to begin
empleado(a)   employee
en seguida, enseguida   immediately
en un santiamén   in no time at all
encaramar   to climb
encima   above; **~ de todo**   above all
encono   anger
enderezarse   to straighten up
enfermo(a)   sick
enfurecido(a)   enraged
enredadera   climbing plant
enterarse   to find out
enterrar   to bury
entomológico(a)   relating to entomology
entonces   *adv.* then; **por ~**   by that time
entornar   to half close
entrañable   *adj.* close, intimate; pleasant
entrar   to enter
entre sí   each other
entrenar   to train
entumecido(a)   numb
erizado(a)   standing on end; **con el lomo ~**   with its hair standing on end

escalar   to climb
escape   *m.* rush; escape, exit; **a todo ~**   very quickly
escaso(a)   scarce
esclavo   slave
escozor   *m.* stinging
esférico(a)   spherical
esmirriado(a)   scrawny, skinny
espada   sword
espalda   back
espaldas   back; **de ~ a la puerta**   with one's back to the door
espantoso(a)   awful
esparadrapo   surgical tape
esparcir   to scatter
espeso(a)   dense, thick
esquina   corner; **doblar la ~**   to go round the corner
esquivar   to avoid, dodge
estampida   stampede
estampido   crack
estar   to be; **~ por**   to be about to
esternón   *m.* breastbone
estirón puberal   *m.* adolescent growth spurt
estorbo   nuisance
estrafalario(a)   outlandish, eccentric
estragar   to ruin, destroy
estrechez   *f.* lack of space
estrecho(a)   feeble, narrow
estrépito   noise; **con ~**   uproariously
estrujar   to rub; to crumple up; **~se los ojos**   to rub one's eyes
estudio   study
estufa   stove
estupor   *m.* astonishment; stupor
evocar   to evoke, recall
extranjero(a)   foreigner; **en el ~**   abroad
extraviado(a)   lost

F
farola   streetlight
fe   *f.* faith; **digno de ~**   *adj.* trustworthy

ferocidad *f.* ferocity, fierceness
fervor *m.* fervor
fiera wild animal
figurarse to imagine, suppose
fijarse to notice, to pay attention
fila line
fin *m.* end; **al ˜ y al cabo** after all
finca country house; farm
flaco(a) skinny, thin
flecha arrow
fonda restaurant
fondo background; bottom
formar to form a line; to form; to shape
fortuna fortune, luck; **con tan venturosa ˜** with such good luck
frágil *adj.* fragile
fresa dentist's drill
fresco(a) fresh, cool
fruición *f.* enjoyment
fuegos artificiales *m. pl.* fireworks
fuerte *adj.* strong
furia fury
furioso(a) furious

G
gajo part
ganar to win, earn
gandul *m.* pigeon pea
garganta throat
gasa gauze
gastar to spend
gemido groan
generoso(a) generous
gentileza kindness
gigantesco(a) gigantic
golondrina swallow
golpe *m.* knock; blow; **de ˜ y porrazo** all of a sudden; **˜ sordo** a dull blow
golpear to hit, strike, bang, pound
gomina hair gel
gradación *f.* rank
granada pomegranate

grandón(a) big for his/her age
grano grain
gratitud *f.* gratitude
gritar to scream, shout, yell
grito scream
guarida lair
guerra war; **en pie de ˜** ready to fight, determined (fig.)

H
haber sido to have been; **de no ˜ por . . .** had it not been for . . .
hacer to do, make; **˜ saber** to inform
halagado(a) flattered
hambre *f.* hunger
harina flour; **˜ de otro costal** a whole different ball game
hazaña deed
herido(a) injured
héroe *m.* hero
heroico(a) heroic
hervir to boil
hincada a very strong pain, as if nailed with a knife
hipo hiccup
hirviendo boiling
homologación standardization
honda sling
hueco *m.* gap; hole; *adj.* hollow
huérfano(a) orphan
huir to run away flee, flee
humedad *f.* humidity
húmedo(a) humid
humo smoke
hundido(a) *adj.* sunken; **el pecho ˜** sunken chest
hundir to sink

I
implacable *adj.* relentless
implorar to beg, implore
inacabado(a) incomplete
incluso even

inconveniente   *adj.* inconvenient
indefenso(a)   helpless
indisciplinado(a)   undisciplined
infernal   *adj.* infernal
inofensivo(a)   harmless
instruir   to instruct
interminable   *adj.* endless
interrumpir   to interrupt
intranquilo(a)   restless
inusitado(a)   unusual, rare
invisible   *adj.* invisible
irrespetuoso(a)   disrespectful
izquierda   left

J

jaba   paper bag (Cuba)
jabalina   javelin
jalar   to pull
jaula   cage
juguetón(a)   playful
juncal   *m.* place full of rushes
juzgar   to judge

L

lacito   *dim.* little bow
ladrar   to bark
lágrima   tear
lápida   headstone
latigazo   lash
látigo   whip
latir   to beat, pulsate
lengua   tongue; **la ˜ se le trabó**   got
tongue-tied
lentamente   slowly
leve   *adj.* light, gentle
levita   frock coat
libertad   *f.* freedom
librería   bookstore
limosna   alm
linde   *f.* limit
lóbrego(a)   *adj.* gloomy
lomo   back (of an animal); **˜ de un
libro**   spine of a book
luces de Bengala   *f. p.* sparklers
lúgubre   *adj.* gloomy

LL

llagado/a   sore
llanto   crying, sob
llevar   to wear (clothing), take, carry,
have been
lloroso(a)   tearful
llover   to rain; **como quien oye ˜**
like water off a duck's back

M

madreselva   honeysuckle
madrugada   dawn
madrugador(a)   early riser
madrugar   to get up early
maestro(a)   schoolteacher
magia   magic; **como por arte de ˜**
as if by magic
mago   magician, wise man
mamar   to nurse; **dar de ˜**
to nurse
mañanero(a)   early morning
manita   *dim.* little hand
mano   hand; **a la ˜**   at hand; **al
alcance de la ˜**   within reach of his
hand
manotada   slap
mansedumbre   *f.* meekness,
gentleness
manso(a)   gentle
mantener   to keep
máquina   machine; car (Cuba)
mar   *m.* sea
marchito(a)   faded
marimba   a percussive instrument
usually consisting of wooden keys
struck with a mallet, common to
Central America and Western Africa
martirizar   to martyr
más   more
mata   bush; *coll.* mop
matar   to kill
matasanos   *m.* quack
matinal   *adj.* morning
matrimonio   marriage

mayordomo   butler, caretaker
mayúsculo(a)   enormous
mecha   wick
medio   half; **un ~**   a coin (*cinco centavos*, Cuba)
mendigar   to beg
mendigo(a)   beggar
menos   less, least; **a ~ que**   unless
merienda   snack
mesa   table
metal   *m.* metal
miedo   fear
mientras   while
mil gajos   a thousand pieces
mimado(a)   spoiled, pampered; **~ por la vida**   spoiled by life
mimosa   type of flowering shrub
mirarse   to look at each other
mísero(a)   miserable
mitificar   to mythicize
moco   snot (fam.)
molestar   to bother
monte   forest; **~ adentro**   deep in the forest
moqueante   *adj.* sniffling
morado(a)   purple
morir   to die
muchedumbre   *f.* crowd
mueble   *m.* piece of furniture; **como un ~**   like a piece of furniture
multitud   *f.* crowd
muñeca   wrist; doll
murmurar   to gossip; to whisper

N

nacimiento   birth
nadar   to swim
naranjo   orange tree
necio(a)   stupid
nena   baby girl
ni siquiera   not even
noble   *m.* noble; *adj.* noble, honest
nocturno(a)   night
nomás   only (Latin America)

nombrar   to call by name
notar   to notice
novela   novel
nube   *f.* cloud

O

ojear   to have a look at
ojera   circle under the eyes
ojo   eye; **~s de mucho susto** bulging eyes
olfatear   to sniff
olla   pot
omnipresente   *adj.* omnipresent
orar   to pray
orearse   to dry out
orilla   shore; edge; **~ del río** riverbank
oxigenado(a)   bleached with peroxide; **el cabello ~**   bleached hair

P

padecer   to endure
pagar   to pay
palabra   word; word of honor
palangana   washbasin
pálido(a)   pale
paliza   beating
palmera   palm tree
palo   pole; stick; **~ de teléfono** telephone pole
pantorrilla   calf
pantuflas   slippers
parada   bus stop
parado(a)   standing
parapetarse   to protect oneself; to take shelter
parecer(se)   to look like, resemble; to seem
partir   to leave; **a ~ de esa hora** from that time on
pasa   raisin
pasar   to happen; to go by; to pass; **estar por ~**   to be about to pass by; **~ la voz**   to spread the news; **me pasó el camión**   the truck run me over

pasillo   hallway
pastilla   pill
pata   leg (of an animal)
patizambo(a)   knock-kneed
patoso(a)   clumsy
pavor   *m.* terror
pecera   fish tank
pecho   chest
pechuga   breast
pechugona   big-bosomed
pecoso(a)   freckled
pedalear   to pedal
pedir   to ask for
pedrada   *f.* hit with a stone
pegado(a)   next to
peinado(a)   combed
peinilla   comb
peldaño   front step (of a staircase)
pelirrojo(a)   redheaded, ginger
pena   embarrasment; sorrow, sadness; **dar ~**   to make (someone) sad; **no tenga ~**   don't worry (Latin America)
pendiente   *m.* earring
penetrante   *adj.* penetrating
peor   worse
pequeño(a)   small child
perder   lose; to miss; **~ de vista**   to lose sight of
perderse   to become lost
perseguir   to chase
personaje   *m.* character
pesado(a)   heavy
peseta   coin (*veinte centavos*, Cuba)
peso   weight
pestaña   eyelash
pez   *m.* fish
pezuña   hoof
pícaro(a)   mischievous
piedad   *f.* piety
piedra   stone
pierna   leg; **las ~s como dos palillos**   very skinny legs

pieza   room, piece (of jewelry, furniture)
pigmeo   a small rooster
pinchazo   prick
pino   pine tree
pisar   to step on; **haber pisado**   to have set foot in
pizarra   blackboard
placentero(a)   pleasant
platillo   small plate, saucer; **~ volante**   flying saucer
plusmarca   record
polvareda   cloud of dust
polvo   dust
portón   *m.* main door
precio   price; **no a cualquier ~**   not simply at any cost
prender   to turn on
pretender   to expect
primero(a)   first
primogénito(a)   firstborn
prisa   rush; **a toda ~**   in a rush
profe   *m. and f.* prof; short for "professor"
proferir   to say, utter
profesor(a)   teacher; professor
protegido(a)   protected
protestar   to protest
puch   zap
Pueblo Libre   a district of Lima (Peru)
pulir   to polish
pulverizar   to smash (a record)
puñado   handful (of things)
puñal   *m.* dagger
punky   punk; **a lo ~**   punk style
puño   handle
punta   tip
puntual   *adj.* punctual
pústula   ulcer

Q

quedar   to remain, stay; **no ~ más remedio**   to have no other choice

quejarse   to complain
quintaesencialmente   *adv.* the perfect example

R

rancio(a)   stale, rancid
raro(a)   odd, strange
rata   rat
rato   while, short time; **un ˜**   a while
raya   stripe; line; **camisa a ˜s** striped shirt
rayo   ray; **dónde ˜s**   where in the world
realmente   really
rebeldía   rebelliousness
rebozo   shawl
recámara   bedroom
recargado(a)   leaning against
recargar en   to lean against
receloso(a)   mistrustful
rechazar   to reject, repeal, repulse
reciedumbre   *f.* strength
reconocer   to recognize
recordar   to remember
recreo   break (school)
regañar   to scold
regresar   to return, go back, come back
reguero   shower
rehacerse   to pull oneself together, get over something
reírse   to laugh
reja   bar
remedio   remedy; solution; **no quedar más ˜**   to have no choice
remolino   crowd
rencor   *m.* rancor
repartir   to divide
repaso   check; review
repeler   to repel
reprimir   to repress
reseco(a)   dried up, parched
resentido(a)   resentful
resignarse a   to resign oneself to

respetar   to respect
retorcerse   to writh (in pain)
reventar   to burst; to crush
rincón   *m.* corner
rinconcito   *dim.* tiny corner
risible   *adj.* laughable
roble   *m.* oak tree
rodilla   knee
rogar   to beg
rojizo(a)   reddish
ronco(a)   hoarse
ronronear   to purr
rosado(a)   pink; **tenue ˜**   faint pink color
rosquilla   type of doughnut
rostro   face
rótulo   sign; label; **˜ comercial** billboard, sign
rozar   to brush, touch
ruborizarse   to blush
rugir   to roar

S

sábana   sheet
saber   to know; **no querer ˜ nada con**   not to want to have anything to do with
sabiendas   knowingly; **a ˜ de que** knowing full well that
sabio(a)   wise
sabroso(a)   delicious
saco   sack, bag; **˜ de arena**   sandbags
salpicado   splashed; **˜ de**   spattered with
saltamontes   *m.* grasshopper
salvaje   *adj.* wild
sano(a)   healthy
secar   to dry
seco(a)   dry
seguro   secure; **sentirse ˜**   to feel secure
selva   jungle
sembrado(a)   planted
sembrar   to sow, seed

sencillez *f.* simplicity
senda path
seno breast
sentirse to feel
separarse to leave; to separate
sepulcro tomb
ser to be; *m.* being
serpiente *f.* snake, serpent
servirse de to use
sigilo stealth
silencioso(a) silent, quiet
sílfide *f.* sylph
sillón *m.* easy chair
simplicidad *f.* simplicity
sin sentido unconscious
singular *adj.* odd, peculiar
sobre *prep.* on
sobresaltar to startle
soga rope
solamente *adv.* only
soler to be in the habit of
solitario(a) solitary
sollozar to sob
solo(a) alone
soltar to release
sonreír to smile
sonrisa smile; ~ **a flor de labios** always smiling
sopa soup; ~ **de pasta** noodle soup
soplar to blow
sordo(a) deaf; dull
suave *adj.* soft
subir to ascend, go up, climb up, increase
sublime *adj.* sublime
sujetarse to hold onto
suma sum; **en** ~ in short
surco furrow
sutil *adj.* subtle, cunning, complex

T

tableteo a rumbling noise
tal *adj.* such; **el** ~ a certain; **de** ~ **palo** ~ **astilla** like father, like son

tala felling
talón *m.* heel
tambor *m.* drum
tan *adv.* so, as; **de** ~ **alta que es** being as tall as she is
tarde late; **bien** ~ very late
tarea chore
tarima platform
tartamudear to stutter, stammer
techo roof
tejano Texan
temblar to shake
tembloroso(a) shaking, trembling
temer to fear
temeroso(a) fearful, timid
temor *m.* fear
temprano(a) early
tendencia *f.* tendency; **sin** ~ **al alza** without possibility of promotion
tenebroso(a) sinister
tener to have; ¿**Qué tendré?** What is the matter with me?; ~ **a bien** to see fit to; ~ **la certeza** to be quite sure
teñir to dye
tenis *m. pl.* tennis shoes
terciopelo velvet
terreno lot; ~ **baldío** vacant lot
tesón *m.* tenacity
texto text; ~ **escolares** textbooks
tez *f.* skin, complexion
tiempo time; **andar del** ~ the passing of time
tieso(a) upright, erect, stiff
timbre *m.* bell
tirar to throw
tiro shot; **pegar un** ~ to shoot
tirón *m.* pull
título degree; diploma
tobillo ankle
todo each, every, all; ~ **el rato** all the time
toparse to bump into, to run into
tornarse to turn into
toro bull

torpedo torpedo
torpeza clumsiness
torpón(a) clumsy, awkward
tos *f.* cough
trabajo work; **costar ~** to be difficult
trago gulp
trajinar to be busy
trama plot
tramar to plot
transmutado(a) changed
traquetear to clatter
traspasado(a) overcome
trazar to draw
trepar to climb
triunfar to triumph
tropezarse to run into
tumba tomb, grave
tupido(a) dense

U
último(a) last
umjú interjection used in Puerto Rico to express affirmation or to agree
uniformarse to put into uniform

V
vacilante hesitant, unsteady
vago(a) slight, vague
vagón *m.* coach
vaina a vulgar term used to refer to an object or a situation; **es la misma ~** it's the same thing
valer to be worth; to cost; **~ un millón** to be worth a million
vaqueros *m. pl.* pair of jeans
vara rod
varón *m.* man, male (human)
vaya . . . what a . . .
veinte *m.* twenty

velar to watch
venir a to come to
ventana window; **~ enrejada** a window with bars
ventarrón *m.* gust of wind
verbena night festival
verde *m. and adj.* green
verdoso(a) greenish
verso line in a poem
vespertino(a) evening
vestido dress; **~ de bolas** polka-dot dress
vez *m.* time; **a la ~** at the same time; **de ~ en cuando** from time to time; **una ~** once
vidriera shop window
vidrio glass
vidrioso(a) glassy
viejito(a) *dim.* little old man (lady)
viruela smallpox
viudo(a) widow
volver en sí to come to (regain consciousness)
volverse to become
voz voice; rumor; **las ~ fueron corriendo** the rumors got going
vozarrón *m.* loud voice
vuelo flight; **~ directos** nonstop flights

W
West Point the U.S. Military Academy, also known as USMA

Y
yeso plaster cast

Z
zafio(a) coarse, rough
zumbido humming noise